Anonymus

Georgii Dovsae

Anonymus

Georgii Dovsae

ISBN/EAN: 9783741179174

Manufactured in Europe, USA, Canada, Australia, Japa

Cover: Foto ©Andreas Hilbeck / pixelio.de

Manufactured and distributed by brebook publishing software (www.brebook.com)

Anonymus

Georgii Dovsae

GEORGII DOVSÆ,
DE ITINERE SVO CONSTANTINOPOLITANO,
Epistola.

Accesserunt veteres Inscriptiones Byzantio & ex reliqua Græcia nunc primum in lucem editæ, cum quibusdam doctorum virorum epistolis.

Ex Officina Plantiniana,
Apvd Christophorvm Raphelengivm,
Academiæ Lugduno-Batauæ Typographum.
cIɔ. Iɔ. ic.

IOSEPHI SCALIGERI
IVL. CÆS. F.
EPIGRAMMA.

Δουσιάδης φιλόπατρις ὅπως λίπε πατρίδος αἴης,
  ἠδὲ φιλόστοργος τὰς ἰδίας τοκέας,
ἤθεα τηλεδαπῶν ἐπαλώμενος; ἄρχε ἐλθεῖν
  κὴ τῆς Ῥιπαίων ἄχρις Ὑπερβορέων.
ἐμπόρῳ, ἠδὲ σοφῷ πλανάασθαι, τὸν μὲν ἐπείγει
  ἡ φιλοχρηματίη, τὸν δὲ φιλοσοφίη.
ἀμφοῖν γὰρ μεμαῶσα διάνδιχα φροντὶς ὀρώρει·
  οὐδ' αὐτοῖν νόος εἰς, ὡς ὁδὸς ὅτι μία.
ἄστεα τῆς ἰδίης χρείης χάριν ἔμπορος εἶδε,
  Δουσιάδης κοινῆς ἀμφὶ βιωφελίης.

DOVSIADES *patria patriæ studiosus, amator*
  Paris sustinuit patre carere suo.
Oppida perlustrans erro peregrina, paratus
  Vsque ad Ripæos tendere Hyperboreos.
Mercator cupidè sapiensque vagantur: et illum
  Vrget opum, hunc varia cognitionis amor.
Diuersam meditans sententia surgit vtrique:
  Nec mens vna illis, sit licet vna via.
Mercatorem vrbes priuatus visere quæstus;
  Publica Dousiaden impulit vtilitas.

A 2   *In nobi-*

In Nobilissimi doctissimíque Iuuenis
GEORGI DOVSÆ
Itinerarium Constantinopolitanum,
& Codices Græcos Manuscriptos
inde allatos.

ΔΟΥΣΑΗΣ περὶ ἰὼν ἀγαθὰ βεβαλη-
μένος οὔτρω,
Καὶ μετ᾽ ἐκ πολλὰ μεμαὼς αὐτὰ πολλὰ μαθῶν,
Σαυρομάτας, Θρᾶκάς τε κ᾽ ἀλλόθεν ἔθνεα ἠδὲ,
Πέντι ἀνδρηλασίας τλῆ καὶ μετ᾽ ἔτεσιν,
Περφθήσης περὶ ἑῶν, τίν᾽ ἂν νόςοιο τυχήσας,
Τὼν δ᾽ ἰδ᾽ ἦς ἐξανύσι᾽ αὐτὸς ὁδοιπορίας.
Πᾶς δ᾽ ἐπαλξόμενος τήν, εὖ μάλα προφροσιν θυμῷ,
Σπευδαίως, λέξει, ἔςι τόδ᾽ ἡ Θεος.
Βιβλία δ᾽ ἐνδον ἔχει, ἰδ᾽ ἄλλα τε πολλὰ κὰ ἐλλὰ
Ἑλλάδος ἐκ μυχάτων ἀγαγεὶς εἰς τὸ φάος
Δὴ τότ᾽ ἀγασάμενος, ἀγααῶ, δήμια, νόμῳ.
Ἡμιδαπὸς, λέξει, ἔςι ὅδ᾽ ἡΘεος.

Valerius Bragensis

A 2

N. V.

IANO DOVSAE

NORDOVICI DOMINO,
ARCHIVORVM CVSTODIÆ
PRÆFECTO, AC SVPREMI IN
BATAVIS CONSILII ADSESSORI,
Patri suo obseruandissimo, GEORGIVS
filius Salutem.

NON ignoras amantissime pater, plerosque homines insitâ quadam visundi cupiditate peregrinari. Sed & illud tibi probè cognitum est, insti-
tuta varia gentium, ritus inconditos hominum, iudicium & prudentiam plurimum acuere. Docet hoc nobis suo exemplo Vlysses, qui propter rerum vsum atque experientiam quam peregrinando acquisiuerat, Elogium maximum ab Homero ferre promeruit. Docet hoc

A 3

hoc etiam, præter alios sapientes, Philosophorum ille Deus Plato, qui relictis Athenis ad barbaros profectus, summâ prudentiâ instructus in patriam rediit. Genti autem nostræ, quasi peculiare quiddam est longinquas ac transmarinas peregrinationes instituere. Et petunt ferè omnes humanioribus literis dediti Galliam, plurimi Germaniam & Italiam, in Græciam tamen à longo tempore, quod sciam, penetrauere quàm paucissimi. Quod cùm animaduerterem, ipse etiam eodem studio incitatus, & quo honesto proposito plus esset adiunctum periculi & laboris, eo maius decus & pretium esse, animo reputans, relictâ communi peregrinantium semitâ, Græciam olim omnis humanitatis inuentricem, verùm hodie (proh dolor!) Turcicâ pressam seruitute inuisere malui. In quâ peregrinatione quantum profecerim, iudicabunt alij: discere certè aliquid sum conatus. Ad te verò amantissime pater hunc qualemcunque

DE ITINERE SVO CONSTAN.
que profectionis meæ fructum mitto: vt hoc modo debitum officij mei persoluam, quod sane à me exigit, vt te de vniuersâ itineris mei ratione ac serie certiorem faciam, vtque, sicut te absentia mea anxium subinde ac solicitum habuit, ita hac peregrinationis meæ historiâ, præsertim si quæ iucunda filio euenisse intelliges, aliquo modo recreem atque exhilarem. Quod studiú meum, si non iudicio & maturitate, nouitate tamen argumenti se commendare poterit. Anni ferè quatuor elapsi sunt, cùm è Poloniâ, vbi biennium idiomatis causâ transegeram, domum reuerterer. Eo tempore maior mihi cupido, illius linguæ, cuius beneficio in Turciâ minus laborarem, aliquo modo iam gnaro, regiones illas videndi incesserat. Cuius rei gratiâ cùm in Germaniam, facto per Frisiam itinere, Iaño P. M. & Stephano fratribus comitantibus, abiissem, Heidelbergam peructus Musarum domicilium petij. Habet hoc ea Vrbs ante
alias

alias singulare; vt cùm ab antiquo doctis imprimis viris abundauerit, nunc
etiam ne iis quidem careat. Incidi tum
ibi in notitiam Nobilissimi viri Mar-
quardi Freheri Consiliarij Palatini:
cum quo, vbi inulta de multis familiariter contulissem, deuenimus tandem
in sermonem de hodierna Græcia. ac
cùm me incredibili quodam desiderio
Byzantium videndi flagrare diceret;
inieci illi, sibi librum esse, qui Origines
Constantinopoleos tractaret; quem si
Latinè vertere vellem, non mediocri in
Byzantinis Antiquitatibus cognoscendis
adiumento mihi futurum promittebat.
Lætabar iam tum me inuenisse, quod
quærebam. Et quoniam id temporis aliquamdiu Heidelbergæ subsistere in animo habebam, eius exemplaris copiam
mihi fieri rogaui. Quod ille vbi prom-
tissimè fecisset, dici non potest, quan-
tam ex eius lectione voluptatem ce-
perim. Cùm autem eundem libellum
pro meis viribus Latinè transtulissem,
                                            Frehero

DE ITINERE SVO CONSTAN. 9
Frohero Verſionem meam commendauit, qui eam ſtatim, me abſente typis excuſam publicè legendam propoſuit. Fuit mihi ibidem cum doctiſſimo homine Iano Gratero non exigua familiaritas, qui tam me amabat, vt ſi frater eius fuiſſem, nec ille potuiſſet maiorem mihi exhibere beneuolentiam, nec ego plus officiorum ab illo requirere. Viget & P. Meliſſi cum pari eloquentia ſingulare in Carmine Latino acumen in hac eadem Ciuitate, quae non ita diu Hieronymi Commelini, Iohannis Poſthij, aliorumque Doctorum hominum exequias, cum magna Reipub. Literariae iactura celebrauit. Meliſſi beneficio, BIBLIOTHECA ibidem PALATINA, cui ipſe praefectus eſt, Manuſcriptis Libris Graecis & Latinis tam referta, vt & Italia ei inuidere poſſit, ſemper patuit. Cùm ferè ſemeſtre tempus Heidelbergae verſatus eſſem, Francofurtum vnà cum fratribus redeo: vbi peroportunè intelligo Legatum à Sereniſſ.
A 5 Rege

Rege Poloniæ Constantinopolim directum fuisse. Itaque accingo me profectioni, quantâque possum festinatione Cracouiam propero. Vidi in eo itinere Herbipolim, cum opulentissimo Iesuitarum Collegio, tum Episcopali Sede Vrbem imprimis nobilem. Vidi Noribergam ædificiorum elegantiâ, platearum venustâ dispositione, dædalâ præterea variarum artium atque opificum industriâ eximiam. Vidi etiam in Bohemicis montibus Balneum Caroli IIII. Imperatoris, non ignobilem Vicum, nobis ob Fontes calidos, ad quos è longinquis regionibus sanitatis causâ plurimi confluunt, non tacendum, aliáque plura haud obscuri nominis Oppida. Id temporis etiam Pragæ per aliquot dies substiti, vbi, præter alia memoratu digna, multa Imperatorum Monumenta videre contigit. Pragâ Nissam venio, cuius loci Episcopus in Silesiâ primatum obtinet. Ab hac Vrbe sex dierum iter conficiendum erat, vt venirem Cracouiam;

couiam, quam quidem Pr. Afcenfionis Domini attigi. Cracouia Vrbs, quæ & Regia, principem locum in Poloniâ tenet. Nonnulli putant eam, à Ptolemæo voce ab appellatione Cracouiæ non remota, Carodunum nominari. Iacet ad fluuium Viſtulam, qui etiam Arcem Regiam in editiore loco poſitam alluit. Ipſa Ciuitas ædificiorum ſplendore, omniumque rerum affluentiâ, adhæc vario diſciplinarum genere cum claris Germaniæ vrbibus certat. Subiui hîc quendam immenſæ profunditatis ſpecum, in quo belluam quandam Holophagum, quæ quotidie multos homines abſumebat, habitaſſe, vulgus ſibi perſuadet: quod tamen fabulæ quàm hiſtoriæ ſimilius doctiores rident. Vidi etiam extra Vrbem, quà iter eſt in Hungariam, Salinas præſtantiſſimas, quales nec in vniuerſo orbe extare exiſtimo, quasque omnibus nationibus pro miraculo Poloni oſtentare ſolenne habent. In quas cùm id temporis me demitterem;
putabam

putabam me in abyssum terræ descendere. Columnis è sale excisis Salinarum concameratio, cui & Oppidum impositum est, fulcitur, quæ & porticus efficiunt tam amplas, vt non opus sit inter ambulandum caput demittere. Cracouiæ cùm propè quatuor menses exegissem, & Legati Regij in Turciam profectio propter obitum Sereniss. Annæ Iagelloniæ Reginæ in aliquot adhuc menses protolleretur, ego longioris in Polonia moræ impatiens Russiam versus iter ingredior. Egresso Cracouiâ statim occurrit collis rotundus & fastigiatus, memoriæ, vti tradunt, Vandæ Reginæ, dum singuli Ciues tantum terræ, quantum pileolo suo capere poterant, aggererent, excitatus. Hinc venio in Niepolomice, locum, si quis alius in Polonia, pingui ferinâ abundantissimum, eoque nomine venationibus Regum imprimis celebrem. Quatuor circiter ab hoc loco dierum itinere (noque enim singula oppida recensere opus habeo)

DE ITINERE SVO CONSTAN. 13
habeo) Iaroslauiam venio, Oppidum
cum Iesuitarum Seminario, tum mer-
catu equorum & bouin, qui singulis
annis xv. Aug. ibi celebratur, imprimis
spectabile. Iaroslauiâ venio in Iauo-
row, Illustris ac generosi, mihique multis nominibus amicissimi Ioannis Feli-
cis Herbulti domicilium, qui superiore
anno ad Imperatorem Turcarum cum
magnâ laude suâ Oratorem egit. Hinc,
sexto postquam Cracouiâ discesseram
die, venio Leopolim. Vrbs est satis mu-
nita, emporio vini Cretici, aliarumque
è Turciâ mercium, adhæc Ciuium erga
aduenas comitate florens: sed & Sede
Archiepiscopali, cui nunc Reuerendiss.
Demetrius Sulicouius (præter exactam
Sacrarum literarum cognitionem, humanitatis etiam studiis haud defuncto-
riè imbutus) præsidet, non ignobilis.
Sunt in hac Vrbe quatuor diuersæ se-
ctæ, nimirum Græca, Latina, Armenica
& Iudaica: Reformatæ tamen Religioni
summo studio ac vigilantiâ mirificè
obsistunt.

ſtræ plauſu Parnaſſi callem inſtiterit, è
ſcriptis eius editis Ælinopæane videlicet, & Caſto Ioſepho, tum locis illâ Pa-
raphraſi ſatis ſuperque conſtare arbitror. Huic non inferior eſt Andreas
Madrowic eiuſdem Ciuitatis Secreta-
rius, cuius ingenij candorem cum pari
certantem eruditione ſatis admirari,
non potui. Vterque iſtorum oculitus,
me amabat, neuter ſtudiis meis bene
non cupiebat. Poſtquam aliquamdiu
Leopoli degiſſem, ſerio tandem de itinere Turcico capeſſendo cogitare cœpi.
Quo quidem tempore exoptata mihi
occaſio oblata fuit, vt cum Polonis &
Armeniis Smielum ad Danubij oſtia,
diſcederem, vnde poſtea nauigio Conſtantinopolim veheremur, id quod ad
compendium itineris multò expediti&s-
ſimum videbatur. Digreſſi itaque Leopoli

DE ITINERE SVO CONSTAN. 15
poli quinto die appulimus Camenetiam, in quo itinere aliquot vidi Oppida,quæ, ne iusto longior sim, & quòd
videam non magnopere accuratâ descriptione egere, omittere malui. Sunt
in hoc toto tractu homines fædo & insolito capillorum vitio,quod suo idiomate *goscuc* indigitant,laborantes:quorum crines in nodos inexplicabiles
contorti conglomeratiq́ue è capite in
humeros vsque dependent: quos non
malè pilulis luteis ouium caprarúmve
clunibus inhærentibus comparaueris.
Quibus, vt puto, non minus deformes
videntur Sarmatæ illi,quam se ornatos
olim egregiè credebant,quâdo Romam
Crinibus in nodum tortis venere Sicambri.
Malum hoc medelam non admittere,
nec sine manifesto vitæ discrimine resecari posse, quin & ei obnoxios statis
temporibus lumbagine, capitis, artuúmque doloribus vexari,eiusq́ue nullam aliam esse causam,quam Tyræ fluminis potum, incolæ mihi perfuadebant.

bant. Camenetia super arduam cliuosamque rupem condita est, quæ fossâ
naturali cingitur. Vrbem ipsam simul
cum fossâ rupes altissima ita suo ambitu includit, vt mœnia Cyclopum manibus fabricata repræsentare videatur.
Huic Vrbi si industria hominum accederet, naturaque artis auxilio paululum
iuuaretur, haud scio an quidquam
aliud munitius sol aspiceret. Sed enim
gentes Sarmaticæ non admodum Vrbium munitionibus delectari videntur:
totum Regni sui columen non in mu-
rorum firmitate, sed in Equestrium copiarum præsidiis, armorumque atque
animorum robore collocantes. Camenetiâ transgressi fluuium Tyram, ab incolis Nyestr dictum, Chotimum venimus, primum Moldauicæ ditionis Oppidum. Est hic Arx in edisâ rupe non
contemnenda, quæ perpetuo Heidu-
conum (vt vocant) præsidio custoditur. Chotimo profecti, ser dierum itinere peracto, auigibus lassum satis frequens

DE ITINERE SVO CONSTAN. 17
quens incolis & peregrinis oppidum,&
quondam fuit Palatini Moldauiæ, dum
Arx illa ſtaret, quæ ante paucos annos
à Coſakis diruta eſt, domicilium. E te-
loniis merciuṁ, quæ hac tam in Poloniam, quam Turciam tranſeunt, vecti-
gal maximum Palatino prouenit.Haud
longo à Iaſſy interuallo, apud pagum
Czetczoro vidimus foſſas & propu-
gnacula,quæ Poloni ibi ſtruxerunt,cùm
ante annos quinque denis non amplius
armatorum millibus octoginta Tartarorum millia, felici auſu, nec minore
ſummi Imperatoris ſui Ioan. Zamoſcij
armatæ pariter ac togatæ militiæ Prin-
cipis virtute atque induſtriâ profliga-
rent. Poſt hæc ſpatio octo dierum venimus Smieluṁ Turcicæ ditionis oppidum, ad ripam, vt dixi, Danubij ſitum. Dum in hoc itinere eramus, videre contigit pagos complures, vbi homines in ſpecubus ſubterraneis habi-
tabant. Smieli vberrima eſt optimo-
rum piſcium captura, atque ex eo vili-
B   tas:

tas: inter quos Cyprini immodico abdomine conspicui præcipuè commendantur: qui non in Græciam modò, verùm etiam in occiduas partes venales passim transportantur. reliqua autem edulia, vt carnes & lacticinia, magno satis veneunt. Auenæ imprimis, hordei & fœni non exiguum pretium: aduehere illa oportet si quis equis suis de pabulo prospectum velit. Genus hominum in hac regione multo improbissimum; prauo sanè ingenio subdoloq́ue ac versipelli: qui vnde nomen & originem traxerint, ex Annalibus N. V. Stanislai Sarnicij notum est. Smielo per ostium Danubij in Pontum Euxinum, quem Turcæ دنيس قره *cara denis*, hoc est, *Mare nigrum* vocant, iucundissimâ nauigatione delati sumus. Non male fortassis huic loco conueniet referre, quid id temporis in naui, quâ vehebamur, acciderit. Præter Polonos & Armenios (qui nauem conduxerant) adiunxerat se comitatui

DE ITINERE SVO CONSTAN. 19
tatui noſtro neſcio quis Turcici generis mango: qui duas mulieres cum puero in Moldauiâ emptas pretio, ſuas fecerat: quas Conſtantinopolim auehere properabat. Erant ibidem aliquot etiam Calogeri (ita Monachi, qui ſanctitatis & doctrinæ ſpecie reliquos antecedunt, appellantur) quorum vnus nullum morum Turcicorum vſum habens (nam Rutenus erat) palpo ſibi puerulum Turcæ conciliabat. Quod herus animaduertens ſtatim è cubili ſuo prorumpit, atque ita caput iſtius infelicis Monachi fuſte dedolat, vt ille verberando, hic vapulando maximè defatigaretur. Iamque có res deducta erat, vt Monachum in mare abiecturus fuerit, niſi nos ſupplices, vt miſero illi parceret, precibus ac blanditiis interceſſiſſemus. Triſte ſanè ſpectaculum, & quod lacrymas homini Chriſtiano exprimeret, hoc videbatur: vni nempe Mahumetano, tot Chriſtianis præſentibus (nam ſeptuaginta circiter numero eramus)
B 2

mus) tantum iuris esse ac licentiæ. Sed profecto ita res habet, cum, qui cum Turcis(vti postea vberius narrabimus) versaturus sit, à mulieribus, pueris, & mancipiis eorum abstinere, neque manus solùm, sed verò & oculos & linguam domitos habere oportet. Quinto die, ex quo Siniclo solueramus, Bosphorum Thracium vidimus, sed antequam in Bosphorum venias, scopuli duo, quos Cyaneas & Symplegades olim Græci dixerunt, ad dexteram in ipso Ponti ostio occurrunt, in quorum vno Columna vetus è marmore candidissimo, quam vulgus Pompei nominat, posita est. In basi huius Columnæ Inscriptionem Latinis literis incisam animaduerti, cæterum ita vetustate temporis exesam, vt, si eam I. Leunclauius V. N. & in hoc studiorum genere haud tralaticiè versatus, non cruisset, à nemine legi posset. Ea est huiusmodi,

DIVO

DIVO CAESARI AVGVSTO
L. CLANNIDIVS
L. F. CLA. PONTO.

Bosphori dextrum latus longissimâ Oppidorum serie prætexitur. Sinistrum non tam ædificiis oblectationi dicatis, quam collibus fructiferis, hortisque Regiis collucet : quos singulos quid aliud esse dicam, quam Thessalica illa Tempe amœnissima, sed longè amœniora, nisi ea Lapithæ Centauri haud secus quam Hesperidû pomaria draco ille, custodirent, proculque spectatores arcerent. Medio circiter inter Bosphori fauces spatio, Arx est munitissima, quâ hodie Turcæ pro carcere insignium captiuorum vtuntur : habet tres maximas turres, quarum crassities, vt Laonicus obseruauit, ad triginta pedes extenditur. Muro vndique viginti duos pedes lato ea Arx circundata est. Huius eò libentius meminisse inducor, quòd ex eâ, cùm essem Constantinopoli, quidam popularis meus L. Adrianus Cantius,

B 3

tius felicius, quàm prudentius elapſus
eſt. Eum Hagienſis quidam Apoſtata
Kaike Mehemeth duarum (niſi me ratio
fallit) triremium Præfectus, Conſtantinopolim porro captiuum peruexerat,
iuſſuque Imperatoris, ſpe ingentis ob
redemtionem pretij allecti, in hanc Arcem coniecerat. Iam pænè triennium
in eâ ſub arctiſſimâ habitus fuerat cuſtodiâ, cùm illi Deus (quod dicitur) ex
machinâ præſto fuit. Sub matutinum
lucis crepuſculum felici auſu ſurgens,
cùm reſeratas omnes ianuas offendiſſet, in planiciem Arcis, clàm cuſtodibus, deſcendit: dumque de muro Arcem ambiente tranſcendendo cogitaret, & in varias partes oculos coniiceret, ecce funem ab arbore quâdam muro proximâ pendentem offendit, quo
apprehenſo cùm murum aſcendiſſet,
facile ſe in alteram partem incolumem
demittit. Veniebat eo tempore furtim
in domum Oratoris Angli, quæ Chriſtianorum captiuorum perfugio Aſyli
inſtar

DE ITINERE SVO CONSTAN. 23

inſtar patebat; vbi & triduum continuum ſub ſtrue lignorum latuit, vnde non multo poſt ſaluus & incolumis in Hollandiam rediit. Arcis iſtius Præfectus, cùm mane captiuum Imperatoris fruſtra quæſiuiſſet, repente ſandapilam luto implet, eamque cum cadauere(vti prætexebat)demortui, in Boſphorum abiicit; haud ignarus quid ſuo deceſſori acciderat, qui, cùm aliquot Nobiles Germani ex eâdem Arce paulò ante euaſiſſent, ab vnco ferreo ſuſpéſus incuriæ ſuæ pœnas dederat. Supra Boſphorum celeberrima Conſtantinopolis ſita eſt, loco tam cómodo, vt Principatum totius orbis præ ſe ferre videatur. Eſt in Europâ, habet in conſpectu Aſiam, à dexterâ Africæ, à ſiniſtrâ Scythicis regionibus, nauigandi opportunitate opponitur. Portus eius tantâ magnitudine & commoditate cæteris antecellit, vt (Manuele Chryſolorâ teſte) triremes & naues, quæ vſpiam locorum fabricatæ ſunt, in ſinum ſuum recipere poſſit.

B 4   Duabus

Duabus partibus ita mari alluitur, vt ferè peninsulam quandam referat, tertiâ reliquo continenti iungitur. Ipsa Vrbs septê colles, vnde etiam ἑπτάλοφος à Græcis nominatur, complectitur; in singulorum collium fastigiis Templa & Mausolæa sumptuosissima Imperatorum Turcicorum spectantur. Vrbis muri, qui nescio quâ in re ambitu suo Babylonicis inferiores videri possint, partim lapidibus quadratis, alij cæmentitiis, nonnulli interpositorum laterum ordinibus constructi sunt. Portas in circuitu viginti quatuor habet, quarum nouendecim mare, quinque terram spectant. Collucet vniuersa Ciuitas (vt interim de Templis, Xenodochiis, & Balneis Turcicis nihil dicam)Bassarum palatiis tam amplis, tam magnificis; vt stuporem spectatori incutere possint. Ipsa Regia vetus Byzantium occupat, in quâ latissimè Imperator habitat. Hanc, cùm Generosus Dominus Stanislaus Golscius Regni Pol. Legatus osculo manum
Impe-

Imperatoris supplex veneraretur, ingressus sum. Sedebat ille intra ædiculam marmoream, auro gemmiſque mirè fulgentem. Solium eius perquam humile pretioſiſſimâ veſte ſtragulâ, puluiniſque exquiſito opere elaboratis inſtratum erat. Aderant ibi præter maximam Turcicorum Nobilium frequentiam, aliquot Ianizarorum millia, qui ingenti cum ſilentio tam immoti ſtabant, vt ſtatuæ potius quàm homines eſſe viderentur. Huius autem ampliſſimæ Ciuitatis Imaginem videre qui volet, eum Bibliothecam Academiæ noſtræ adire melius eſt, vbi Turcica Conſtantinopolis in Tabulâ xc circiter pedes oblongâ, Dædaleo planè opere manu Melchioris Lorichij delineata, beneficio Nicolai Vanderuilij ſuſpenſa viſitur, in quâ Imperatoris Regia, cum Templis & Palatiis Turcicis tam accuratè expreſſa ſunt, vt eâ nihil elaboratius poſſe fieri, iudicare auſim. Viſuntur adhuc quibuſdam in locis Vrbis veterum

ram. Has ita domi abscondunt, vt nec
è fenestris illis prospicere liceat. Quæ
in publicum prodeunt, infames habentur, & ita tamen tectæ incedunt, vt
nulla earum corporis pars ad conspectum pateat. Ne propinquis quidem,
nisi certo anni tempore, eas videre permittitur. Siquidem animis penitus imbiberunt, non posse mulierem à viro
sine potiundi libidine, ac proinde sine
mentis labe conspici. Homini Christiano interdum capitale, nisi argento
præueniat, cum Turcicâ muliere colloqui: cuius rei exemplum quendam Armenium tibi dabo. Is cum aliis mercatoribus Leopolitanis in Obluczice ad
Danubium venerat: cumque adhuc iuuenis esset, & exiguam Turcicorum morum notitiâ haberet, cum feminâ quâdam quam fortè conspicabatur, sermones serere institit. Mulier non tam aliam
ob causam, quam quod Christianus
Turcico idiomate loqueretur, mirata,
ei respondet, ac tandem sermone ultrò
citroque

DE ITINERE SVO CONSTAN. 19

citroque habito, ad hospitium Armenij, vbi etiam cænabat, se contulit. Interim exploratores, qui nusquam in Turciâ desunt, hanc rem ad Iudicem deferunt, dicentes feminam Turcicam in domum Pagani iuisse. Iudex postridie manè, muliere in carcerem detrusâ, Armenium ad se venire iubet: qui cum adesset *bregiaur* (inquit Iudex). vtrúm جور دری ne tu Deum, & ius Musulmanicum revereris? Quidnam te (Pagane) commouit, vt tu cum Orthodoxâ muliere rem haberes? An nescis talia scelera Legibus nostris igne puniri? Tum Armenius: si quâ in re deliqui, adest Senior in nostro comitatu, qui mihi ex præscripto Priuilegij, quod à vestro Imperatore habemus, mulctam irrogaturus. Iudex hoc audito, Seniorem acciri iubet, eique dicit: Hic Armenius te appellat, dicés vos nescio quo Priuilegio donatos. Senior statim Diploma profert, vbi inter alia & hoc continebatur: quod nimirum Armenius
alicuius

bant. Camenetia super arduam cliuosamque rupem condita est, quæ fossa naturali cingitur. Vrbem ipsam simul cum fossa rupes altissima ita suo ambitu includit, vt mœnia Cyclopum manibus fabricata repræsentare videatur. Huic Vrbi si industria hominum accederet, naturaque artis auxilio paululum iuuaretur, haud scio an quidquam aliud munitius sol aspiceret. Sed enim, gentes Sarmaticæ non admodum Vrbium munitionibus delectari videntur, totum Regni sui columen non in multorum firmitate, sed in Equestrium copiarum præsidiis, armorumque atque animorum robore collocantes. Camenetia transgressi fluuium Tyram, ab incolis Nyestr dictum, Chotimum voluimus, primum Moldauiæ ditionis Oppidum. Est hîc Arx in edisâ rupe non contemnenda, quæ perpetuo Heiducconum (vt vocant) præsidio custoditur. Chotimo profecti, sex dierum itinere peracto, auigibus Iassium satis frequens

DE ITINERE SVO CONSTAN. 17
quens incolis & peregrinis oppidum,&
quondam fuit Palatini Moldauiæ, dum
Arx illa ſtaret, quæ ante paucos annos
à Coſakis diruta eſt, domicilium. E te-
loniis mercium, quæ hac tam in Poloniam, quam Turciam tranſeunt, vecti-
gal maximum Palatino prouenit. Haud
longo à Iaſſy interuallo, apud pagum
Czetczoro vidimus foſſas & propu-
gnacula, quæ Poloni ibi ſtruxerunt, cùm
ante annos quinque denis non amplius
armatorum millibus octoginta Tartarorum millia, felici auſu, nec minore
ſummi Imperatoris ſui Ioan. Zamoſcij
armatæ pariter ac togatæ militiæ Prin-
cipis virtute atque induſtriâ profliga-
rent. Poſt hæc ſpatio octo dierum venimus Smielum Turcicæ ditionis oppidum, ad ripam, vt dixi, Danubij ſitum. Dum in hoc itinere eramus, videre contigit pagos complures, vbi homines in ſpecubus ſubterraneis habi-
tabant. Smieli vberrima eſt optimo-
rum piſcium captura, atque ex eo vili-
B   tas:

tas: inter quos Cyprini immodico abdomine conspicui præcipuè commendantur: qui non in Græciam modò, verùm etiam in occiduas partes venales passim transportantur. reliqua autem edulia, vt carnes & lacticinia, magno satis veneunt. Auenæ imprimis, hordei & fœni non exiguum pretium: aduehere illa oportet si quis equis suis de pabulo prospectum velit. Genus hominum in hac regione multo improbissimum; prauo sanè ingenio subdoloque ac versipelli: qui vnde nomen & originem traxerint, ex Annalibus N. V. Stanislai Sarnicij notum est. Smielo per ostium Danubij in Pontum Euxinum, quem Turcæ ﻗﺮﻩ دﻧﻴﺲ *cara denú*, hoc est, *Mare nigrum* vocant, iucundissimâ nauigatione delati sumus. Non male fortassis huic loco conueniet referre, quid id temporis in naui, quâ vehebamur, acciderit. Præter Polonos & Armenios (qui nauem conduxerant) adiunxerat se comitatui

De Itinere svo Constan. tatui noftro nefcio quis Turcici generis mango: qui duas mulieres cum puero in Moldauiâ emptas pretio. fuas fecerat: quas Conftantinopolim auchere properabat. Erant ibidem aliquot etiam Calogeri (ita Monachi, qui fanctitatis & doctrinæ fpecie reliquos antecedunt, appellantur) quorum vnus nullum morum Turcicorum vfum habens (nam Rutenus erat) palpo fibi puerulum Turcæ conciliabat. Quod herus animaduertens ftatim è cubili fuo prorumpit, atque ita caput iftius infelicis Monachi fufte dedolat, vt ille verberando, hic vapulando maximè defatigaretur. Iamque eò res deducta erat, vt Monachum in mare abiecturus fuerit, nifi nos fupplices, vt mifero illi parceret, precibus ac blanditiis interceffiffemus. Trifte fanè fpectaculum, & quod lacrymas homini Chriftiano exprimeret, hoc videbatur: vni nempe Mahumetano, tot Chriftianis præfentibus (nam feptuaginta circiter numero eramus)

mus) tantùm iuris esse ac licentiæ. Sed profecto ita res habet, cum, qui cum Turcis(vti postea vberius narrabimus) versaturus sit, à mulieribus, pueris, & mancipiis eorum abstinere, neque manus solùm, sed verò & oculos & linguam domitos habere oportet. Quinto die, ex quo Smiclo solueramus, Bosphorum Thracium vidimus, sed antequam in Bosphorum venias, scopuli duo, quos Cyaneas & Symplegades olim Græci dixerunt, ad dexteram in ipso Ponti ostio occurrunt, in quorum vno Columna vetus è marmore candidissimo, quam vulgus Pompei nominat, posita est. In basi huius Columnæ Inscriptionem Latinis literis incisam animaduerti, cæterum ita vetustate temporis exesam, vt, si eam I. Leunclauius V. N. & in hoc studiorum genere haud tralaticiè versatus, non cruisset, à nemine legi posset. Ea est huiusmodi,

DIVO

DE ITINERE SVO CONSTAN. 21
DIVO CAESARI AVGVSTO
L. CLANNIDIVS
L. F. CLA. PONTO.

Bofphori dextrum latus longiſſimâ
Oppidorum ſerie prætexitur. Siniſtrum
non tam ædificiis oblectationi dicatis,
quam collibus fructiferis, hortiſque
Regiis collucet: quos ſingulos quid
aliud eſſe dicam, quam Theſſalica illa
Tempe amœniſſima, ſed longè amœniora, niſi ea Lapithæ Centauri haud
ſecus quam Heſperidū pomaria draco
ille, cuſtodirent, proculque ſpectatores
arcerent. Medio circiter inter Boſphori
fauces ſpatio, Arx eſt munitiſſima, quâ
hodie Turcæ pro carcere inſignium
captiuorum vtuntur: habet tres maximas turres, quarum craſſities, vt Laonicus obſeruauit, ad triginta pedes extenditur. Muro vndique viginti duos pedes lato ea Arx circundata eſt. Huius
eo libentius meminiſſe inducor, quòd
ex eâ, cùm eſſem Conſtantinopoli, quidam popularis meus I. Adrianus Can-
B 3   tius,

GEORGII DOVSAE
tius felicius, quàm prudentius elapsus est. Eum Hagienſis quidam Apoſtata Kaike Mehemeth duarum(niſi me ratio fallit) triremium Præfectus, Conſtantinopolim porrò captiuum peruexerat, iuſſuque Imperatoris, ſpe ingentis ob redemtionem pretij allecti,in hanc Arcem coniecerat. Iam pæne triennium in eâ ſub arctiſſimâ habitus fuerat cuſtodiâ, cùm illi Deus (quod dicitur) ex machinâ præſto fuit. Sub matutinum lucis crepuſculum felici auſu ſurgens, cùm reſeratas omnes ianuas offendiſſet, in planiciem Arcis, clàm cuſtodibus, deſcendit: dumque de muro Arcem ambiente tranſcendendo cogitaret, & in varias partes oculos coniiceret, ecce funem ab arbore quâdam muro proximâ pendentem offendit, quo apprehenſo cùm murum aſcendiſſet, facile ſe in alteram partem incolumem demittit. Veniebat eo tempore furtim in domum Oratoris Angli, quæ Chriſtianorum captiuorum perfugio Aſyli
inſtar

DE ITINERE SVO CONSTAN. 23
inſtar patebat, vbi & triduum continuum ſub ſtrue lignorum latuit, vnde non multo poſt ſaluus & incolumis in Hollandiam rediit. Arcis iſtius Præfectus, cùm mane captiuum Imperatoris fruſtra quæſiuiſſet, repente ſandapilam luto implet, eamque cum cadauere(vti prætexebat)demortui,in Boſphorum abiicit; haud ignarus quid ſuo deceſſori acciderat,qui,cùm aliquot Nobiles Germani ex eâdem Arce paulò ante euaſiſſent, ab vnco ferreo ſuſpéſus incuriæ ſuæ pœnas dederat. Supra Boſphorum celeberrima Conſtantinopolis ſita eſt, loco tam cómodo, vt Principatum totius orbis præ ſe ferre videatur. Eſt in Europâ, habet in conſpectu Aſiam, à dexterâ Africæ, à ſiniſtrâ Scythicis regionibus, nauigandi opportunitate opponitur. Portus eius tantâ magnitudine & commoditate cæteris antecellit, vt (Manuele Chryſolorî teſte) triremes & naues, quæ vſpiam locorum fabricatæ ſunt, in ſinum ſuum recipere poſſit.
B 4 Duabus

Duabus partibus ita mari alluitur, vt ferè peninſulam quandam referat, tertiâ reliquo continenti iungitur. Ipſa Vrbs ſeptē colles, vnde etiam ἑπτάλοφος à Græcis nominatur, complectitur; in ſingulorum collium faſtigiis Templa & Mauſolæa ſumptuoſiſſima Imperatorum Turcicorum ſpectantur. Vrbis muri, qui neſcio quâ in re ambitu ſuo Babylonicis inferiores videri poſſint, partim lapidibus quadratis, alij cæmentitiis, nonnulli interpoſitorum laterum ordinibus conſtructi ſunt. Portas in circuitu viginti quatuor habet, quarum nouendecim mare, quinque terram ſpectant. Collucet vniuerſa Ciuitas (vt interim de Templis, Xenodochiis, & Balneis Turcicis nihil dicam) Baſſarum palatiis tam amplis, tam magnificis; vt ſtuporem ſpectatori incutere poſſint. Ipſa Regia vetus Byzantium occupat, in quâ latiſſimè Imperator habitat. Hanc, cùm Generoſus Dominus Staniſlaus Golſcius Regni Pol. Legatus oſculo manum
Impe-

DE ITINERE SVO CONSTAN. 25
Imperatoris supplex veneraretur, ingressus sum. Sedebat ille intra aediculam marmoream, auro gemmisque mirè fulgentem. Solium eius perquam humile pretiosissimâ veste stragulâ, puluinisque exquisito opere elaboratis instratum erat. Aderant ibi praeter maximam Turcicorum Nobilium frequentiam, aliquot Ianizarorum millia, qui ingenti cum silentio tam immoti stabant, vt statuae potius quàm homines esse viderentur. Huius autem amplissimae Ciuitatis Imaginem videre qui volet, eum Bibliothecam Academiae nostrae adire melius est; vbi Turcica Constantinopolis in Tabulâ xc circiter pedes oblongâ, Daedaleo planè opere manu Melchioris Lorichij delineata, beneficio Nicolai Vanderuilij suspensa visitur, in quâ Imperatoris Regia, cum Templis & Palatiis Turcicis tam accuratè expressa sunt, vt eâ nihil elaboratius posse fieri, iudicare ausim. Visuntur adhuc quibusdam in locis Vrbis veterum

B 5

terum Ornamentorum admiranda vestigia: de quibus singulatim referam, vbi prius de moribus Turcarum aliquid interposuero. Etsi autem videar in hoc scribendi genere actum agere, tamen qui hæc nostra percurrere voluerint, fatebuntur (sat scio) se etiam aliquid in rebus Turcicis profecisse. Quo tempore Byzantium appuli, Turcæ Esuriales Ferias, quæ decursu Lunæ apud eos terminantur, agebant; de quibus primùm aliquid dicere,non erit fortasse à præsenti institute alienum. Hoc Ieiunium ita strictè obseruant, vt à mane, ad vesperá vsque, nihil deguftent nec cum mulieribus interea rei quidpiam vel commercii habeant: quo quidem tempore Talismani,(hi sunt Templorum Ædituli) ex altis turribus, vnde clarâ voce quinquies in die ad rem Diuinam populum conuocant, lúmina suspendunt: ac per totam ferè noctem ingenti apparatu & luxu conuiuia agitant. Ieiunio absoluto, sollenne Pascatis
Festum,

DE ITINERE SVO CONSTAN. 27
Festum, quod بحرم بويوك buiuk
bajram indigi- tant,
magno plausu & festiuitate per aliquot
dies celebrant;iuuenes & viri per compita ludibundi cursitant, oscillis in aëre
librati iactantur;ac omnis generis ludicra, quæcunque homini in mentem
venire possunt, id temporis publicitus
spectanda exhibent: quo etiam (præter
varia Monachorum genera) quendam,
qui non (vti Soterici nostri) Fibulatus,
sed Annulatus incedebat, videre contigit. Noli hîc expectare, vt tibi de instituto horum Monachorum, siue mendicorum potius, aliquid narrem; neque
de مفتی Muphti, qui eam apud Turcas autoritatem obtinet, quam
Papa apud Latinos, neque item de Bassis, capitibus scilicet Consilij Imperatorij: quæ alioqui tam è Busbequio &
Leunclauio, quam aliis huius ætatis
scriptoribus cognosci possunt. Ad mulieres venio, à quibus imprimis abstinendum esse, superiùs dicere institueram.

ram. Has ita domi abscondunt, vt nec
è fenestris illis prospicere liceat. Quæ
in publicum prodeunt, infames habentur, & ita tamen rectæ incedunt, vt
nulla earum corporis pars ad conspectum pateat. Ne propinquis quidem,
nisi certo anni tempore, eas videre permittitur. Siquidem animis penitus imbiberunt, non posse mulierem à viro
sine potiundi libidine, ac proinde sine
mentis labe conspici. Homini Christiano interdum capitale, nisi argento
præueniat, cum Turcicâ muliere colloqui: cuius rei exemplum quendam Armenium tibi dabo. Is cum aliis mercatoribus Leopolitanis in Obluczice ad
Danubium venerat: cumque adhuc iuuenis esset, & exiguam Turcicorum morum notitiā haberet, cum feminâ quadam quam fortè conspicabatur, sermones serere instituit. Mulier non tam aliam
ob causam, quam quod Christianus
Turcico idiomate loqueretur, mirata,
ei respondet, ac tandem sermone vltrò
citroque

citroque habito, ad hospitium Armenij, vbi etiam cænabat, se contulit. Interim exploratores, qui nusquam in Turciâ desunt, hanc rem ad Iudicem deferunt, dicentes feminam Turcicam in domum Pagani iuisse. Iudex postridie manè, muliere in carcerem detrusâ, Armenium ad se venire iubet: qui cum adesset *bre giaur* (inquit Iudex), vtrúm جور بري ne tu Deum, & ius Musulmanicum reuereris? Quídnam te (Pagane) commouit, vt tu cum Orthodoxâ muliere rem haberes? An nescis talia scelera Legibus nostris igne puniri? Tum Armenius: si quâ in re deliqui, adest Senior in nostro comitatu, qui mihi ex præscripto Priuilegij, quod à vestro Imperatore habemus, mulctam irrogaturus. Iudex hoc audito, Seniorem acciri iubet, eique dicit: Hic Armenius te appellat, dicés vos nescio quo Priuilegio donatos. Senior statim Diploma profert, vbi inter alia & hoc continebatur: quod nimirum Armenius
alicuius

gium, sed hîc non additum est, vobis licere cum Turcicis mulieribus rem habere. Quo dicto, in carcerem Armenium mitti iubet, ex quo postea magno auri pondere se redimere habuit necesse. Sic Armenio colloquium illud cum muliere Turcicâ haud impunè processit. Quod de mulieribus, idem & de pueris sentiunt, quorum amoribus, si quæ alia gens, præcipuè Turcæ indulgent: in quos emendos non dubitant aliquando centum, imò ducentorum aureorum summam impendere. Etiam hos septis ædium includunt, nec antequam mentum lanugine vestitum fuerit, exire permittunt. Eorum enim pulchritudo passim Constátinopoli selium pullariarú insidiis obnoxia: Quod etiam quidam Nobilis Polonus, cum Oratore sui Regis eò appulsus, expertus est, cuest, cuius fidei ac patrocinio ingenuæ indolis ac formæ puer concreditus harpaces plagiariorum manus effugere non potuit. In deuio aliquo Vrbis angiportu furtim abreptus, ac nescio quo terrarum asportatus & quidem impunè: tametsi ad raptores vestigiis persequendos, ac puerum reflagitandum Conquisitores ab Imperatore publicitus dati. Etenim puer ille nusquam comparuit postea, quamuis non minore, quàm à Tyrinthio quondam Hylas clamore ac conuicio per dies aliquot quæsitus ac flagitatus. Iam quod initio dicere institueram, à mácipiis Turcicis Christiano abstinendum, exemplo, cuius ipse oculatus fui testis, comprobabo. Erat quidam aurifex, mihi perquam familiariter notus, natione Transiluanus. Is sermonem cum seruo quodá contulerat, qui ab eo tempore post aliquot dies aufugerat. Turca mancipium suum aufugisse videns, domum istius aurificis petit, ac seruum sibi restitui imperiosè flagitat.

flagitat. Aurifex nullius sibi culpæ
conscius, cùm de suo capite Comitia
fieri videret, statim fugam arripit, ac
magno clamore بن لوطرن اولن *ben
lutran ohlan*, hoc est,
Seruus sum Oratoris Angli, ingeminat;
tandemque in domum Oratoris magno ciulatu euadit. Turca non impi-
gro gressu reum suum assequutus, ob-
torto collo eum ex domo retrahit, & ad
سوباشي *Subassi* (is in Galatâ Iudicem
rerum capitalium agit) pro-
uocat. Iamque eo res deducta erat, vt
aurifici compedes induerentur, pessi-
mis insuper modis mulctando, nisi Orator Anglus pro illo intercessisset, Tur-
cæque impetum largitione aliquâ miti-
gasset. Hæc siquidem vna ratio est
Turcarum ingenia, fera alioqui & in-
tractabilia deliniendi. Ac nisi argento
& muneribus flecterentur, Lestrygonas
ac Cyclopas, vt puto, immanitate supe-
rarent. Sed & Monachi illorum, qui
vulgò tantum non pro Diuis habentur,

tur, nulli magis rei quam lucro inhiant.
Certè vix fieri potest, vt Christianus
quispiam die Veneris, qui eis, vt apud
nos dies Solis, festus est, in publicum
prodeat, cui statim Monachus aliquis
rosam, tulipam, malum citrium vel au-
ratum non obtrudat, quod Christianus
nummo aliquo duplo triplóve pluris
valente rependere debet. Ianizari, (sic
Prætoriani milites vocantur) Oratori-
bus plærunque Christianis similes quis-
quilias non sine honoris exhibitione of-
ferunt, pro quibus interdum dexteram
argento grauidam reportant: quod quidem illis minime inuidendum est, cùm
alioqui fidelissimè Christianos opis in-
digos à petulantiâ Turcarum defen-
dant. Vnum de multis fidelitatis à Ianizaro mihi præstitæ exemplum accipe,
& ride. Cùm aliquando ad Templum
Sophiæ, præcedente Ianizaro, me conferrem, agaso quidam Turcicus equo
sui Domini insidens, & plures equos
ponè se trahens, ignarus mihi adesse Ia-
C   nizarum,

Ego istius iniuriæ impatiens, statim meum Ianizarum voco, mihi iniuriam à peſſimo illo agaſone, qui iam ſecurus equitabat, illatam conqueror. Ianizarus hoc intellecto approperat: reſpicit agaſo, ac ſibi periculum imminere videns, equo ſuo calcar addit, & proculdubio euaſiſſet, niſi lorum quo reliquos equos ductitabat, ei de manibus excidiſſet. Accurrit itaque Ianizarus cum perticâ ſuâ arundineâ, Herculis clauæ non abſimili, eamque quanta vi maximâ poteſt aliquoties non ſine horriſono fremitu in caput agaſonis impingit. Agaſo interim plateam clamoribus implebat, omnia ſibi oſſa comminuta conquerens: & certè niſi populus Ianizari impetum aliquo modo cohibuiſſet, agaſonem ad mortem vſque (vt mihi iurabat) mulctauiſſet. Ego poſteà pro illo beneficio

beneficio Ianizarum vuæ fucco impleui, cuius quidem dulcedine eò magis Turcæ attrahuntur, quo minus illis vinum bibere permittitur. Vidi quendam ا مـیـر افـنـدی *Emir Aphendi* (hoc nomine è Mahumetis ſtirpe prognati appellantur) qui cùm ad prandium Oratoris Angli acceſſiſſet, tantum vini exhauriebat, vt mero ſopitus humi ſterneretur, totumque pauimentum fruſtis eſculentis vinum redolentibus conſpurcaret: Quod ideo referre viſum, vt cognoſcas quanto cupientius vulgus Turcarum liberiore, quam illi, conſcientiâ vtentium, ſe vino, ſi copia daretur, obruerent. Ego mehercule rarò Turcam à mensâ Oratoris Angli pedibus ſuis domum redire animaduerti. Iam verò de Ianizaris longum eſſet omnia dicere: & quamuis è ſuperiore exemplo facilè pateat, quantâ illi inter Turcas autoritate polleant, tamen ne hoc quidem prætermittendum eſt, Ianizarum capitali iudicio poſtulatum,

latum, non more aliorum fontium de die puniri, sed noctu in profundum demergi, ac tum in damnati memoriam bombardam explodi; id quod sæpißime, dum Constantinopoli vixi, me audire commemini. Iam quod ad ipsam Vrbem attinet, dixi in eâ nonnulla veterum ornamentorum admiranda vestigia restare, de quibus etiam aliquid audire, iamdudum fortasse' desideras. Extat Diuæ Sophiæ Templum, quod aliquoties excalceatus, ne pauimentum ex opinione Turcarum profanare viderer, perlustraui. Est reuerâ moles tam magnifica, tam excellens, vt eâ nihil augustius, aut in speciem magnificentius Solem illuxisse arbitrer. Si quis pro amplitudine eius aliquid dicere institueret, incassum laboraret, nunquam vtique ad orationis suæ scopum peruenturus. Nec mihi ergo, qui in hac Epistolâ breuiloquentiæ studeo, de eâ verba facienda sunt. Quis enim tam compositè & aptè aliquid diceret, quod
huic

DE ITINERE SVO CONSTAN. 37
huic harmoniæ & fabricæ conueniret?
cuius minimam etiam particulam si
describere vellem, pro operis dignitate
id facere nunquam possem. Templum
hoc præ reliquis religioso affectu à Turcis frequentatur. Sub Baiazethe triginta sex millia, qui illud Religionis ergò
adirent, numerata fuisse, Antonius Mæ-
nauinus est autor. Cùm viderent me
Turcæ stupore quodam attonitum hoc
Templum intueri, dicebant; جور
اغركسى سارن مسلمن اولور
بولور بوندا هار نستى يون علملي
*Giaur egarki sen musulman olur, bollur bun-
da her neste iun gelmade.* hoc est, Pagane, si tu volueris Orthodoxus fieri,
licebit tibi quotidie huc intrare. Tum
ego nihil aliud, quam دن مسلمن
اولمس *ben musulman olmas*, hoc est, Cer-
tum mihi esse in fide meâ rema-
nerere, spondebam. Ea autem est Ma-
C 3   humeta-

GEORGII DOVSAE
humetanorum opinio, se de nullo molius mereri posse, quàm de eo, quem certo exitio (vti sibi persuasum habent) destinatum ad suam Religionem traducunt. In hoc Templo præter alia, quæ Gyllius diligenter obseruauit & descripsit, monstrabant mihi Turcæ Columnam quandam marmoream inducto ærearum laminarum tectorio inferius coopertam, è quibus sudor perpetuò prorumpit, quem ipsi pudendâ superstitione sudariis suis extergunt, & aduersus varios morbos conducere sibi persuadent. Huic Templo Hippodromus vicinus est, vbi insignis Obeliscus, cum Colosso structili & tribus Serpentibus æneis inter se circumplicatis visuntur. In stylobatæ Obelisci vno latere Græcum, in altero Latinum Epigramma his verbis incisum est:

DIFFICILIS QVONDAM DOMINIS PARERE SERENIS
IVSSVS ET EXTINCTIS PALMAM PORTARE TYRANNIS
OMNIA THEODOSIO CEDVNT SVBOLIQVE PERENNI
TER DENIS SIC VICTVS SECOD.. MITVSQVE DIEBVS
IVDICE SVB PROCLO S\ —- SELATVS AD AVRAS.
                                          ÆONA

DE ITINERE SVO CONSTAN. 39
ΚΙΟΝΑ ΤΕΤΡΑΠΛΕΥΡΟΝ ΑΕΙΧ ΘΟΝΙΚΕΙΜ_ΝΟΝ ΑΧΘΟC
ΜΟΤΝΟC ΑΝΑCΤΗCΑΙ ΘΕΤΔΟCΙΟC ΒΑCΙΛΕΤC
ΤΟΛΜ:ICΑC ΠΡΟΚΛΟC ΕΠCΚΕΚΛΕΤΟΚΑΙ ΤΟCΟC ECΤΗ
ΚΙΩΝ ΗΕΛΙΟΙC ΕΝ ΤΡΙΑΚΟΝΤΑ ΑΤΩ.)

In Coloſſi ſtuctilis baſi verſus ſequentes
pulcherrimis literis inciſi leguntur.

+ ΤΟ ΤΕΤΡΑΠΛΕΥΡΟΝ ΘΑΤΜΑ ΤΩΝ ΜΕΤΑΡCΙΩΝ
ΧΡΟΝΩ ΦΘΑΡΕΝ ΝΤΝ ΚΩΝCΤΑΝΤΙΝΟC ΔΕCΠΟΤΗC
ΟΤ ΡΩΜΑΝΟC ΠΑΙC ΔΟΞΑ ΤΗΣ CΚΗΠΤΟΤΧΙΑC
ΚΡΕΙΤΤΟΝ ΝΕΟΤΡΓΕΙ ΤΗΣ ΠΑΛΑΙ ΘΕΩΡΙΑC
Ο ΓΑΡ ΚΟΛΟCCΟC ΘΑΜΒΟC ΗΝ ΕΝ ΤΗ ΡΟΔΩ,
ΚΑΙ ΧΑΛΚΟC ΟΤΤΟC ΘΑΜΒΟC ΕCΤΙΝ ΕΝΘΑΔΕ.

Extat etiam è regione Diuerſorij, in quo
Cæſareos Oratores hoſpitari mos eſt,
Columna Conſtantini Purpurea, in cuius ſummitate ſpondylus ædificatus eſt,
in quo eiuſmodi Inſcriptio apparet :

ΤΟ ΘΕΙΟΝ ΕΡΓΟΝ ΕΝΘΑΔΕ ΦΘΑΡΕΝ ΧΡΟΝΩ
ΝΕΟΙ ΜΑΝΟΥΗΛ ΕΥΣΕΒΗΣ ΑΥΤΟΚΡΑΤΩΡ.

Hæc Columna, vt & ſuperior Obeliſ-
cus,

cus, cum tribus Serpentibus æneis penes me depicta est. Columna autem quæ in *Aurat baſar*, hoc est, *Mulierum Foro* videtur, ei quæ Romæ in Campo Martio' poſita est, quantum ex pictura coniectare poſſum, ſimilis est. Extat etiam Aquæductus admirandæ altitudinis, longè ſupra omnes domos eminens, quem ab autore Valentinianum nominant. Ex multis præterea, quibus olim abundabat Ciuitas Ciſternis, vnica tantum, eaque Baſilica, reliquis in alios vſus conuerſis, incolumis permanſit. Hanc Generoſo Domino Staniſlao Golſcio, Regni Poloniælegato, comite, prælatis funalibus inſpexi. Riuum quendam, quem Theodoſius Zygomaläs Cydarin eſſe vult, magno murmure hoc loco ſe effundere vidimus. Eius concamerationem pluſquam quingentis Columnis marmoreis fulciri, idem Theodoſius nobis retulit. Ex tot præterea antiquis Palatiis, nullius nomen extat, præterquam vnius Conſtantini,

ex cuius

ex cuius ruinis aliquot Columnæ marmoreæ adhuc restant, & Cisterna arida, in quâ meo tempore Elephas cum Camelopardali stabulabatur. Et hæc quidem de huius Vrbis veterum monumentorum reliquiis. Quis verò iam non doleat, tot reliqua Palatia, Templa, Columnas, quibus olim Augusta illa collucebat Ciuitas, ita funditus euersa, vt ne nomina quidem eorum superfint? quis supinæ Græcorum oscitantiæ non irascatur, qui ita rerum suarum incuriosi deprehenduntur, vt nemo vbi monumentum aliquod antiquum fuerit nosse hodie desideret? Neque solum ipsi ab omni Antiquitatis scientiâ abstinent, verùm etiam exteros impediunt, quò minus vllâ de re liberè percontari audeant. Et nisi illos vino interdum deposueris, nisi Græco more, πολυχρονιάσης ἀφ'ᾐδ, exclamaueris, oleum & operam perdideris: neque tamen quidquam ab eis reportaueris nisi nugatoria quædam, nisi morem bibendi, qui ad eos, Iure quasi hæreditario ab antiquis Byzantiis deriuatus videtur. Theodosius(quem superiùs nominaui) quoniam magnam ex Antiquitatis studio capit voluptatem,& libéter cum exteris, si quid singulare nouit, communicat, pro Hæretico apud vulgus(id quod sæpe apud me conquestus) sugillatur. De Beatissimo Patriarchâ Meletio vt etiam aliquid proferam, eius meretur singularis eruditio, & exigit à me summa eius in me humanitas, beneuolentiaque, quam in literis ad te scriptis, & à me tibi allatis, abundè declarauit. Sed importunitas cuiusdam Matæologi Iesuitæ, qui pro Iesuiticâ suâ impudentiâ ausus est publico scripto asseuerare, Epistolam hanc ab aliquo Caluinistarum (os impudens!) excogitatam esse, me cogit prius mendacij notam in eum retorquere. Quid verò in medium adfert? Baronium nobis non auritum, sed oculatum testem ingerit, qui vi. Annalium suorum Tomo commemoret, anno

DE ITINERE SVO CONSTAN. 43
anno 1593 Gabrielem, Patriarcham Alexandrinum, duos Legatos Presbyteros, Sancti Macarij Monasterij Monachos, nomine Iosephum & Abdelmessiam, Romam, vnionis cum Romanâ Ecclesiâ ineundæ gratiâ ablegasse, idque cum literis ad Pontificem hoc modo inscriptis: PATRI PATRVM, PRINCIPI PATRIARCHARVM, TERTIODECIMO APOSTOLO DOMINI NOSTRI IESV CHRISTI, QVINTO EVANGELISTAE, SANCTI PETRI SVCCESSORI. *Tibi data est potestas soluendi & ligandi*, &c. Ac hos quidem Legatos, Romæ, Patriarchæ sui, & reliquorum subditorum nomine, Confessionę Fidei, quæ ipsis proponebatur, editâ, tanquam Catholicos Romanæ Ecclesiæ susceptos ! omnesque adeò & Ægypti & Æthiopiæ Christianos Romanæ Ecclesiæ conciliatos. Mera est fabula: hinc, vt puto, orta, siue quod Orientales quidam impostores, vt stipem emendicarent, Romanis nimis
credulis

credulis impofuerint,fiue quod Iefuitæ mendaciorum Architecti,vt hoc modo Chriſtianis fucum facerent, ac glaucomam ob oculos obiiceret,tenebrionum iſtorum operâ abuti voluerint. Hîc memini Meletium, Patriarcham, cùm fortè fchedæ illius Legationis fabulofæ Venetiis Byzantium ad eum eſſent tranfmiſſæ, videre fuauiter renidentem & admirantem leuitatem Latinorum temerè credentium,aut malitiam Iefuitarum talia comminifcentium. Equidem tum temporis nemo Alexandriæ Patriarcha Gabriel nomine, fed facrorũ Antiſtes erat Meletius, aut certè eius anteceſſor Siluester. alterũ, quo ineptus hic fabulator orbi perfuadere fatagit, has literas neq. Græcè neque Conſtantinopoli exaratas eſſe, eſt, quod ſtolidè exiſtimet,in homine Græco vix tantam Latinæ Linguæ peritiam cadere poſſe. Sed (mi Coſtere) ſi veritatis ſtudiofus fuiſſes, hac de re focios tuos in Chio infulâ confuluiſſes:aut faltem infpexiſſes,
quæ

De Itinere svo Constan. 45
quæ de hoc Meletio fcripfit Auctor Epiſtolæ illius, Viennâ Auſtriacorum Cal.
Oct.An. Salutis 1582,ad Cl.V. Dauidem
Chytræum tráſmiſſæ: quæ Hodoëporicon nauigationis ex Conſtantinopoli in
Syriam,Palæſtinam,Ægyptum & montem Sinaï,&c. inſcribitur: & ſub finem
Chronicorum Turcicorum-Tomo ſecundò à Ioanne Wechelo A.1584. Francofurti typis publicatorú legitur, cuius
elogij particulam,propriè ad Meletium
ſpectantis, hoc loco tibi lectitandam
propono, quæ ſic habet. Tranſeuntes „
poſteà denuò Nilum, ſex horarum ſpa-„
tio Alexandriam terreſtri itinere perue-„
nimus: vbi per octo dies ſubſiſtentes &,,
Vrbis percelebris ſitum aliaque memo-„
ratu digna perluſtrauimus. Interim „
quoque acceſſi Meletium Protoſynge-„
lum Calogerum Græcum, & Montis „
S. Catharinæ (ita Monaſterium vocant) Fratrem: Virum & ſcientiis hu-„
manis, & literis ſacris admodum ele-„
ganter doctum; Latinè pariter & Ita-„
licè

„ licè loquentem, vnicum inter doctos;
„ quos in hac peregrinatione videre li-
„ cuit, iudicaui aptum, quo cum H. tua
„ amicitiam iniret, cuiáue oblatâ occa-
„ fione fcriberet. Nam & ipfi, vti ad
„ H. tuam literas daret perfuafi. id quod
„ fecit : quamuis (vti ipfe per fcedu-
„ lam mihi retulit) præ temporis angu-
„ ftiâ tumultuario ftylo. Eas igitur lite-
„ ras mitto, atque H. tuæ gratas fore ar-
„ bitror, cum propter viri doctrinam, tum
„ maximè propter vitæ & morum mo-
„ deftiam, atque in conferendo fuauita-
„ tem. Arbitror autem hunc virum tan-
„ tum fcientiarum habere, quantum ho-
„ mo Græcus hodie habere poffit. De fide
„ fuâ is quidem valde fubtiliter difTerit,
„ fed tamen ita, vti omnia fincero & puro
„ animo, abfque vllâ bile loqui & fen-
„ tire videatur. Ipfi promifi me Byzantio
„ miffurum effe librum, quem H. tua de
„ Lectione Hiftoriarum confcripfit : id
„ quod feci : ipfique gratiffimum fuiffe
„ compertum habeo. Et hæc de Protofyn-
gelo

gelo viro doctissimo, qui & Alexandinus Patriarcha speratur crediturque futurus. Idem etiam testatur Vita eius, Dialogo quodam Orthodoxi Christiani titulo ab eodem Meletio Græcè scripto, ac A. 1596 Vilnæ impresso, præmilla: & doctissimus eius libellus contra Iudæos Latine primum, deinde & Græcè scriptus, ac Leopoli Russiæ A. 1593 Græcâ pariter & Rutenicâ linguis excusus. Ne porrò hunc vitilitigatorem non satis emunctæ naris fuisse arbitremur, ait, cum, qui epistolam illam excogitauit, stilum Alexandrini Patriarchæ, titulum eius, inscriptionem & subscriptionem, calculum annorum, mensis item nomen latuisse: solere illos adiicere, quo quisque ordine sit Patriarcha, vt Gabriel erat 97: & à Diocletiano Tyranno arcessere anni computum, qui iam sit annus 1313. Fortè Costerus hoc ex Baronio didicit, qui eundem scopum in Annalibus suis spectasse videtur, quem Terétius in Prologo Andriæ;

Poëta

GEORGII DOVSAE

*Poëta quùm primùm animum ad scribendum appulit,
Id sibi negoti credidit solum dari,
Populo vt placerent quas fecisset fabulas.*

Quasi verò, quia interdum Alexandrini numerum assignant, quotusquisque sit Patriarcha, aut quia vt plurimum annos numerant à Diocletiani persequutione, id semper & ab omnibus fieri soleat. Inspice Martini Crusij Turcogræciam pag. 229; secus inuenies. talis est ibi inscriptio; N. Πάπας ἢ Παβιάρχης τῆ μεγάλης πόλεως Ἀλεξανδρείας, ἃ κριτὴς τ᾽ ὀικεμμένης. Inspice etiam Epistolam sub finé huius Itinerarij positam, ab eodé Meletio ad me scriptam; alium titulū non inuenies, quam eum, qué tibi iam proposui. Sed quæso, quid est quod tantopere hunc Sycophantam vrit, vt Epistolam illam Meletij Caluinicam fabulam esse velit? nempe quod hoc testimonio videt magnam orbis partem, magno Romanæ Ecclesiæ præiudicio (quùm sit hic Meletius Papa ac Patriarcha Alexan-

drinus

Dᴇ Iᴛɪɴᴇʀᴇ sᴠᴏ ᴄᴏɴsᴛᴀɴ. 49
drinus, &c. Conſtantinopoleôs Præ-
ſes) Romanam Eccleſiam pro Catho-
lica, & eius Epiſcopum pro Eccleſiæ
vniuerſalis capite non agnoſcere. Verba eius plena Chriſtianę veritatis, pietatis & modeſtiæ, quæ tu impudentiſſime
ſycophanta, in putidiſſimo tuo libello
Ieſuiticâ fide non integrè poſuiſti tibi
reponam, quæ ita habent: Reliquum ,,
eſt, vt hæc vos amoris pignora repen- ,,
datis aliquibus identidem amoris pi- ,,
gnoribus; non gemmis, non auro perdi- ,,
torum hominum deliciis. ſed libris, ,,
quos typis apud vos multo atque lau- ,,
dabili fœnore pepererit Chriſtiana cha- ,,
ritas, cuius fructibus ij maximè carent, ,,
qui ſeſe Ariſtarchos Cenſorésque terra- ,,
rum orbis haberi contendunt: indéque ,,
Magiſterium ſuum auſpicantur, in hoc- ,,
que intendunt, in hoc ſe exercent, vt in ,,
homines fratres minimè fraternis ani- ,,
mis inſultent: quumque calamitates ,,
hominum hominibus ſoleant ac debe- ,,
ant nonnihil incutere miſerationis; illi ,,
D contrà

,, contrà de miseriis hominũ triumphant,
,,   *O cæcas hominum mentes, ó pectora caca.*
,, Filius Dei sese ipsum sua illa maiesta-
,, te exinaniuit, dum saluti consulere
,, hominum contendit: nos nescio quæ
,, imperia extruimus in perniciem & cum
,, pernicie hominum ; & haberi volu-
,, mus pro Christo, illo cuius studiis no-
,, stra studia δἷς διὰ πασῶν dissonare depræ-
,, henduntur. Quòd si in causas inqui-
,, ras huiusce in nos, nescio quid aliud
,, dicam, quàm id, quod res est, odij,
,, in nos Græcos dico, id est, Orientalis
,, Ecclesiæ alumnos, quòd veterum Pa-
,, trum dogmata, traditiones, iussa, pla-
,, cita, decreta sectamur, nihil inuenies
,, aliud quam id ipsum, quod Patrum in-
,, contaminata dogmata, traditionesque
,, obseruantes nullis nullorum hominum
,, nouitatibus, καινοτομίαις falsis, fallacibus-
,, que doctrinis abduci patimur ab iis de-
,, cretis, quæ septem tota Concilia vni-
,, uersalia (vt Prouincialia prætercam)
,, sanxerunt. Symbolum, quod à primo
Niceno

DE ITINERE SVO CONSTAN. 51

Niceno Concilio confectum secunda
compleuit Synodos, accuratissimè Spiritus Sancti explicato articulo, inuiolatum conseruamus. Athanasio falsò adscriptum Symbolum, cum appendice illa Romanorum Pontificum adulteratum luce lucidius contestamur. Romanum Pontificem, Romanum agnoscimus Pontificem. Christum vnum vniuersalis Ecclesiæ vniuersale caput cum Paulo prædicamus. eundem esse lapidem illum angularem Σιωνίτην, in quo construendam esse Ecclesiam ipse dixit. ipsum ex ipsius verbis agnoscimus. ἐπὶ ταύτην, namque ait, τὴν πέτραν (ἤδη πέτρα, Paulus dicit, ἦν ὁ χριστὸς) neque enim in re Petro, sed in me (vt vigilantissimè diligentissimus notat Augustinus) ædificabo, dixit, Ecclesiam meam. Hæc quùm ita credamus, nescio quamobrem audeant nonnulli (id quod satis impiè fecit Sanderus) Ecclesiam Oriétalem cum Diaboli Ecclesia (ô scelus infandum!) coniugare. Ita sunt animis parum Chri-

D 2   stianis

„ ſtianis quæcunque non faciunt ad pala-
„ tum, quæcunq. non arrident, impia, ab
„ ſinuq́. Dei eiicienda, ab Eccleſia proſcri-
„ benda, ferro, flammiſque profliganda.
Verum vt tibi, Coſtere, fidem maiorem
faciã, quid Vir tantus de Eccleſia Catho-
lica, eiuſque capite ſentiat, en tibi locum
παράλληλον ex eius Dialogo Orthodoxo
pag. θ deſcriptum, qui ita habet: Ξένος. Καὶ
τίς ἡ καθολικὴ ἐκκλησία; Παῖς. Ἀπαξάπασα τ̃ εὐσεβῶν
ἡ πληθὺς, ἧς μιᾶς ἔσης, ἓν γὸ σῶμα ἐκ πολλῶν μελῶν
συνιςάμενον, μία κεφαλὴ ὁ χριςὸς, ἀυτὸν γὸ, φησὶν, ἔδω-
κεν ὁ πατὴρ ὑπὲρ πάντα κεφαλὴν τῇ Ἐκκλησίᾳ. ὥσπερ γὸ
ἀκέφαλον τὸ σῶμα, ἡ καθολικὴ δηλονότι ἐκκλησία, καθολικῆς χηρεύουσα κεφαλῆς λέψανον οιεζότατ̃ον, ὅτω κ̀
πολυκέφαλον τέρας ἂν ἔη ἐκπαιδότατον. Ξένος. Καὶ λοι-
πὸν τέρας ἡ ἐκκλησία ζςἀύτας ὡς ὁρῶμεν πικτημβύη
κεφαλὰς, Παῖς. Αἱ γα̃ρ ἑκαςον ἐκκλησίαν & αἱ τῶν ἐκ-
κλησιῶν κεφαλαὶ εἰς μίαν ὁλομέλδαν συνρέχουσι τ
καθολικῆς Ἐκκλησίας, ἀπαξάπασαν ἵν ἀποτελῶσι σῶμα, ἧς κεφαλὴ μόνος ὁ χριςὸς. ὖ Τίνυν τέρας ἡ ἐκκλησία
ἡ καθολικὴ μίαν ἔχουσα κεφαλὴν καθολικὴν τ̀ χριςόν.
αἱ γὸ μερικαὶ κεφαλαὶ τ̀ καθολικῆς τ̀ λόγον ὖ παραλυ-
ους̃τ̄, ἀλλ' ἀναπληροῦσιν ἐν τοῖς καθ' ἕκαςον. καθάπερ

DE ITINERE SVO CONSTAN. 53

οὐδὲ αἱ ἐκκλησίαι αἱ μερικαὶ τῆς μιᾶς ἐκκλησίας τὸν λόγον παραλυπῶσι τῆς καθολικῆς. Sed quid pluribus verbis opus est? penes patrem meú Literarum Patriarchæ est αὐτόγραφον. Sunt & apud me libelli illi ante citati, quorum inſpiciũdi copiam ſi quis volet, à me petat licebit. Huius porro Beatiſſimi Præſulis vitam non alienũ fuerit Græcorum potius, quam meis verbis, ne quid fortè amori eius tribuere videar, hoc loco lectitádam proponere; ea vero ſic in Dialogo Orthodoxo compendio texitur.

Μελέτιος τὸ ἐπίκλην Πηγᾶς, μέχρι τήμερον Ἀλεξανδρείας Πατριάρχης, ἐκ τῆς περιφήμου παλαιᾶς ἐκατονταπόλεως Κρήτης ἄγων τὸ γένος, υἱός ἐστί γονέων ἐνδόξων, καὶ πρωτεύοντα ἀρετῇ τῶν πολιτῶν, παιδόθεν παρὰ σοφῶν παιδευθεὶς, αὐτὸς τῆς κατ' αὐτὸν γεγενημένῃ βίῳ διδάσκαλος, οἴκοθεν δίῳ τινι βδάτω βρύων τὴν ἀρετὴν. Ἐπὶ δὲ παῖς ὢν ὁμολογεῖ ἀληθὴς, κὴ τῇ μὲν φύσει συνετὸς, τῇ προαιρέσει δὲ διδακτικὸς κὴ πολιτικός. Ἐν γὰρ ταῖς ἀνέσεσι καὶ σχολαῖς ὑπὸ τῶν μαθημάτων, ἄριστον λόγοις τισὶ μελετῶν καὶ συντατόμενος πρὸς ἑαυτὸν, ἴσαι δ' οἱ λόγοι διδασκαλίας μεστοὶ, καὶ θεῖον τί νόημα ἀνακαλύπτοντες. Εἷλκε δὲ ἐκ ὧδ'

Latinam iſtius una verſionem ſub finem huius libri epiſtolæ Meletij præmiſ. ſæpè leetis inuenis.

D 3 ὅπως

ὅπως φθονοῦσα ἡ τύχη τὸν παῖδα εἰς ἀμιξήτοις κιν-
δύνως πυρὸς, ὑδάτων, χρημῶν, ὥςτε κỳ παρ᾽ ὐδὶν ἦλθε
πολλάκι τεθνάναι. Ἀπαλλαγεὶς δ᾽ ὅμως, τ̃ ἐν παισὶ δια-
ξιβῶν, ἐς Ἰταλίαν ἀφίξα̃. καταλαβὼν δὲ τὸ Πατά-
βιον, κἀκεῖσε πᾶσαν ὑπὴς ἡμῶν διεξηλθὼν ἐν ἑκατέρᾳ
τῇ γλώττῃ, ἠρεθίσθη σφοδρότερον πρὸς τὴν ἐπιθυ-
μίαν τῆς ἄνω κλήσεως. παρεπὴς δὲ ὑπεριδὼν εὐγενεί-
ας, δόξης, πλύτω παντοδαπῶ, συγγενείας, φίλων, οἰκε-
τῶν, κỳ πάντων ὅσα ἀνθρώποις ἐςι περισπύδαςα, τὸν
μοναχικὸν βίον ἠσπάσα̃. Μοναχὸς δὲ διαβιψας ὀπο-
λὺ, μεγάλα, ὡς τοῖς τὴν Ἑλλάδα κατοικᾶσι δῆλόν ἐςι,
κατορθώσα̃. Παρὰ δὲ τ̃ πρεσβυτέρων τῶ μακαριω-
τάτω δὴ μάλιςα Ἀλεξανδρείας Παξιάρχω Σιλξέςρῳ,
ἁγίω, κἀκείνω διδ' ὀρθὸς, ἀναγκασθεὶς εἰς τ̃ τ̃ ἱερέως ἤχθη
βαθμόν. πρὸ δὲ τ̃ αὐτῷ χειροτονήσεως φῶς μέγα ἐπ᾽
αὐτὸν λάμψαι παρὰ πάντων ἑώρα), ὡς ἐπιμαρτυρῶν τ̃
ὅτι τ̃ ἱερωσύνω τ̃ ἀνδρὸς ἀξιότητα. χειροτονηθέντος
δὲ ἄπειρ̃α ἂν εἴη διηγεῖσθαι ταῦτα. ἀρετὰς κỳ τὰ ἐν τῷ
βίῳ παραδείγματα, οἵοις ὑπέςη κόπως, ὡς κỳ τω̃ ὐδὲν
ἥττον, κηρύττων τὸ τῶ χειςῶ εὐαγγέλιον, κỳ Ἀραβιςὶ
ἐν μέσῃ Αἰγύπτῳ. Ἐξελίξατο αὐτὸν ὁ Θεὸς ποιμηλία
γηίαν. κοιμηθέντος δὲ τῶ μακαρίω Σιλξέςρω, τῆς
ἁγίας τῶ χριςῶ Ἐκκλησίας τῶν Ἀλεξανδρέων προΐε-
σι, πάσης τῆς Ἐκκλησίας αὐτὸν βιασαμένης. Κυ-
ξιενᾷ

DE ITINERE SVO CONSTAN.

ἀρχᾷ δὲ μέχρι τήμερον, καλῶ πομπζύος ἄξια πράτ-
ται. Τοῖς δὲ αὐτῷ κατόσί τε κὶ προςάγμασιν, (ἀ᾽νοῦ
φθάνω δ᾽ εἰρήσθω κὶ γὸ ἀληθὲς) οὐ μόνον Αἴγυπῖος,
ἀλλὰ κὶ αὐτὴ ἡ Θράκη κὶ πᾶσα ἡ Ἑλλὰς ὑπέαρε ἕτοι-
μος κὶ ἔτι ⁊ δοκῶν). Ἵνα δὲ μήτιν δόξω χρώματά
τινα ψουδῆ δαπε᾽ζεθς, κὶ ζητεῖν με τίω τοῦ ἀιδρὸς.
πλειοτέραν ἀποδειξέωσι εἰκόνα, πέρας τῷ λόγῳ τάγε
κιῶ δίδωμι, τόπω· ἄλλοθί πυ γεγραμμένων ἀκριβέ-
τερα. πλεῖςα βιβλία σωέγραψει. κδ᾽ ἐν δ᾽ ὔπω τ̄ ζυγγραμμάτων ἐκδίδω), πλίω δ̄ χ̄ Ἰυδαίων Ἑλλίωικῆς
κὶ Ῥωσαϊκῆς ἀκριβῶς διαλέξεως. Καὶ νιῦ ὁ παρὼν ὖτος
διάλογος, ὃν συνέθει ὂ, ἵνά. τι τοῖς σπουδαίοις γίνη ἄφε-
λος ἀναγιωώσκωσι. μάλιστα δ᾽ ἐν ὂῖς τόποις κὶ πόλε-
σι ἐκέναις, ὅπη μάλιστα βρύωσι αἱ μιαραὶ κὶ πολυποίκιλοι τῶν αἱρέσεων, ὧν γένοιτο ἡμᾶς τοῖς τῆς ἁγίας τ̄ χριςοῦ καθολικῆς καὶ ἀποςολικῆς ἐκκλησίας τῆς ἀπαπελπτῆς
ἀκολυθῶντας κατὰ τι κὶ προςάγμασιν ἐλευθερῶσθαί
τε κὶ διαφυλάττεσθ̄ς διὰ Ἰησοῦς Χριςοῦ, ᾧ ἡ δόξα κὶ
τὸ κράτος σὺν τῷ ἀναρχῳ παδ̄ κὶ ζωοποιῷ πνεύματι
εἰς τὰς αἰῶνας, ἀμήν. Ex his verbis, quibus
omnium eorum, qui Meletium nove-
runt, consensus accedit, satis constare
arbitror, in hoc Viro pietatem cum doctrinâ concertare, & non desidiosè Ti-

D 4   tulum

ὅπως φθονοῦσα ἡ τύχη τὸν παῖδα εἰς ἀμφήκους κιν-
δύνους πυρὸς, ὑδάτων, κρημνῶν, ὥστε κỳ παρ᾽ οὐδὲν ἦλθε
πολλάκις τεθνάναι. Ἀπαλλαγεὶς δ᾽ ὅμως τ̈ἐν παισὶ δια-
ξιβῶν, ἐς Ἰταλίαν ἀφίξατο. καταλαβὼν δὲ τὸ Παπί-
βιον, κἀκεῖσι πᾶσαν ὅτις ἡμῖν διεξλθὼν ἐν ἑκατέρᾳ
τῇ γλώττῃ, ἠρεθίσθη σφοδρότερον πρὸς τὼ ἐπιθυ-
μίαν τῆς ἄνω κλήσεως. παριδὼν δὲ ὑπερεδὼν ἀνδρεί-
ας, δόξης, πλήτε παντοδαπῆ, συγγενείας, φίλων, οἰκε-
τῶν, κỳ πάντων ὅσα ἀνθρώποις ἐστι περισπούδαστα, τὸν
μοναχικὸν βίον ἠσπάσατο. Μοναχὸς δὲ διαβίψας ἐ πο-
λὺ, μεγάλα, ὡς τοῖς τὼ Ἑλλάδα κατοικοῦσι δῆλόν ἐστι,
κατορθώσατο. Παρὰ δὲ τ̈ πρεσβυτέρων τῶ μακαριω-
τάτω δὲ μάλιστα Ἀλεξανδρείας Παβιάρχε Σιλβέστρω,
ἀγίω, κἀκείνε ἀνδρὸς, ἀναγκασθεὶς εἰς τ̈ τ̈ ἱερέως ἠλέχθη
βαθμόν. πρὸ δὲ τ̈ αὐτῆ χειροτονήσεως φῶς μέγα ἐπ᾽
αὐτὸν λάμψαν παρὰ πάντων ἑώρα), ὡς ἐπιμαρτυρῶν τ̈
ὅτι τ̈ ἱεροσύνω τ̈ ἀνδρὸς ἀξιότητα. χειροτονηθέντος
δ᾽ ἀπειρον ἂν εἴη διηγεῖσθαι τάς τε ἀρετὰς κỳ τὰ ἐν τῇ
βίῳ παραδείγματα, οἵοις ὑπέστη κόπως, ὡς κỳ ιωῦ οὐδὲν
ἧττον, κηρύττων τὸ τῦ χριστῦ εὐαγγέλιον, κỳ Ἀραβς ἰ
ἐν μέσῃ Ἀιγύπτῳ. Ἐξελέξατο αὐτὸν ὁ θεὸς ποιμῦμα
γνήσιον. κοιμηθέντος δὲ τῦ μακαρίω Σιλβέστρω, τῆς
ἁγίας τῦ χριστῦ Ἐκκλησίας τῶν Ἀλεξανδρέων πρόϊ-
στι, πάσης τῆς Ἐκκλησίας αὐτὸν βιασαμβύης. Κυ-
ρηνῶ

DE ITINERE SVO CONSTAN. 55

ὁρμᾷ δὲ μέχρι τήμερον, καλῶ πομπυός ἄξια πράττων. Τοῖς δὲ αὐτῷ κανόσι τε κὴ προςάγμασιν, (ἀνά γὰρ φθάνει δ' εἰρῆσθαι κὴ τὸ ἀληθὲς) οὐ μόνον Αἴγυπτος, ἀλλὰ κὴ αὐτὴ ἡ Θράκη κὴ πᾶσα ἡ Ἑλλὰς ὑπείκει ἑτοίμως κὴ ἔτι ἐκ δείκνυ]. Ἵνα δὲ μήτιν δόξα χρώματά τινα ψευδῆ δανείζηθ', κὴ ζητεῖν με τὴν τοῦ ἀνδρὸς πλειοτέραν ἀποδεσυῦναι εἰκόνα, πέρας τῷ λόγῳ τάγε νῦν δίδωμι, τύπον· ἄλλοθί πω γεγραμμένων ἀκριβέστερα. πλεῖστα βιβλία συνέγραψεν. οὐδὲν δ' ὕπω ἢ ζυγγραμμάτων ἐκδέδο], παλαιὰ δ' κτὶ Ἰουδαίων Ἑλληνικῆς κὴ Ῥωσαϊκῆς ἀκριβῶς διαλέξεως. Καὶ νῦν ὁ παρὼν οὗτος διάλογος, ὃν συνέθετο, ἵνα, τι τοῖς σπουδαίοις γίνηθ] ὠφελὴς ἀναγιώσκωσιν. μάλιστα δ' ἐν τοῖς τόποις κὴ πόλεσιν ἐκείναις, ὅπη μάλιστα βρίουσιν αἱ μιαραὶ κὴ πολυποίκιλοι τῶν αἱρέσεων, ὧν γένοιτο ἡμᾶς τοῖς τῆς ἁγίας τ χρισοῦ καθολικῆς κὴ ἀποστολικῆς ἐκκλησίας τῆς ἀνατολικῆς ἀκολουθοῦντας κανόσι τι κὴ προςάγμασιν ἐλευθερεῖσθαί τε κὴ διαφυλάττεσθ' διὰ Ἰησοῦς Χριςοῦ, ᾧ ἡ δόξα κὴ τὸ κράτος σὺν τῷ ἀνάρχῳ πατὶ κὴ ζωοποιῷ πνεύματι εἰς τὰς αἰῶνας, ἀμήν. Ex his verbis, quibus omnium eorum, qui Meletium nouerunt, consensus accedit, satis constare arbitror, in hoc Viro pietatem cum doctrinâ concertare, & non desidiosè Titulum

D 4

GEORGII DOVSAE
tulum Patriarchæ suſtinere, ſed diligentiſſime omnes eius partes explere; quin & me veritati oculatâ fide ſubnixæ iure patrocinatum, aduerſus Ieſuiticam mentiendi pruriginem,quâ inſanus iſte Senecio in virulentiſſimis ſuis ſcriptis paſſim laborat.Sed quid mirum Coſterum talia ſcribere? facit quod eſt ſui Ordinis, cui veritati oppedere, bonoſque viros calumniis & conuitiis proſequi, in parte pietatis ponitur. Id quò illuſtrius appareat,quoddam Teſtimonium Benedicti Ariæ Montani hominis Catholici Romani, & quod magis mireris,Hiſpani, Bibliis interlinearibus Antwerpiæ 1584 excuſis præmiſſum, hoc loco ſubiiciam; quod ita habet. Is, *ſcilicet Eroſtratus*, quoniam Pa-
„ gninum viuum habere non potuit, no-
„ ſtrum pro omnibus aliis nomen pro-
„ ſcindendum ſuſcepit, nactus fortaſſis
„ oportunitatem in quorundam animis
„ & conciliis,qui cùm SOLI SAPERE,
„ SOLI BENE VIVERE, IESVM-
QVE

DE ITINERE SVO CONSTAN. 57
QVE PROPIVS INSEQVI ET COMITA-,,
RI fibi videantur, atque id palam pro-,,
feffi iactitent, me qui minimum atque ,,
adeo inutilem Iefu Chrifti difcipulum ,,
ago, odio habuerunt gratis. Atque hi, ,,
quod neminem, qui aliàs bene audiat, ,,
palam improbare audent, aliorum, ,,
quos ad eam rem occultè inducere pof- ,,
funt, ingeniis & nominibus abutuntur. ,,
Horum autem nos nec artes fallunt, nec ,,
gregem prodere aut cognomen indi- ,,
care iuuat. Vtuntur quidem illi MA- ,,
GNO & INACCESSIBILI ad fuas ,,
res agendas MYSTERIO, fed quod ,,
facilè iis, qui fimplicius apertiusqúe,,
agere volunt, pelluceat: quodque non ,,
poft multos annos tandem aperien- ,,
dum eft virtute illius, qui illuminabit ,,
abfcondita cordis, & OCCVLTA TE- ,,
NEBRARVM, tunc laus erit vnicui- ,,
que fecundùm opera fua. Atque his ,,
quidem verbis fatis eleganter, vt arbitror, hoc genus hominum Arias Montanus delineauit: at vero fi fe nondum
D 5   norunt,

norunt, efformatam sui effigiem in illo Carmine intueantur, quo Nobiliss. & Ampliss. Vir I. A. Thuanus Consiliarius Regius & curiæ supremæ Parisiensis Præses Poemata sua Sacra omni immortalitate dignissima concludit: quod cùm tibi amantissime pater & ob poëmatis signgularem elegátiam, rei veritatem,& arctam cum tanto Viro amicitiam lectu non iniucundum esse animaduerterem, haud ab re hîc inserere visum fuit.

IN PARRICIDAS.

Rvrsvs *ab immiti Furiæ bacchantur*
 Auerno,
Vipereasque rotat torua Megæra comas:
Rursus Trinacriis puer ablactatus in antris
 Sacrilega stringit tela cruenta manu:
Notus & Eoo tantum Assasinus in axe,
 Pró pudor, in nostro visitur orbe frequens.
Scilicet has arteis nuper gens gnara nocendi
 Exitio innexit, Gallia, nata tuo,
       Hesperiæ

DE ITINERE SVO CONSTAN.

Hesperiæ fuscis gens emissaria ab oris,
　Fucum affectata quæ grauitate tegit,
Nata magistratum conuellere, nata ministris
　Subtrahere obsequium præsulibusque suum:
Geryonæ quæ dum placeat faueatque trifauci
　Terrarum reliquos non facit assis heros,
Et cælo facinus dignum putat, omnia sæui
　In regis longas tradere sceptra manus.
Quæ disciplinam morum, quæ Gallica venit
　Exuto legum soluere iura metu,
Et vileis regnantum animas, ipsosque necandos
　Horrenda reges proditione docet,
Seruandamque fidem negat, argutisque cauillis
　Detorquet magni iussa seuera Dei.
Sunt tamen, & cur sunt? qui nunc quoque cri-
　　mine in isto
　Obtendant causam relligionis agi,
Accusentque bonos vltro, excusentque nocenteis,
　Et patrocinio consilioque iuuent.
Hósne superstitio male sanos excitet æstus,
　Quique atra vexat pectora bile furor,
An pietas simulata, mea nil quærere refert,
　Damnandum in magnis cum sit vtrumque
　　viris,

　　　　　　　　　　　　　　　　　Quos

Georgii Dovsae

Quos magicis aureis claudentis cantibus anguis
    Esse instar cautos pagina sacra iubet,
Candoremque simul mitis seruare columbæ,
    Fallereque & falli grande putare nefas.
Nos patimur segnes, lentíque sedemus ad iram,
    Et pietas ipsa relligione perit;
Si modo relligio est, alere intra viscera tætram,
    Quæ iam se corpus fundit in omne, luem:
Si modo relligio est, patriis sine murmure sulcis
    Accipere hostili semina iacta manu;
Semina corrupti succi, lentíque veneni,
    Noxia doctrinæ semina pestiferæ.
Concipit inde malum quippe inconsulta iuuentus,
    Mox concepto alios inficit ipsa malo:
Iamque ferè totus sacer ordo & Gallica pubes
    Plebsque auido virus combibit ore nocens.
Iam turgent venæ, cor palpitat, ilia tendunt,
    Nulláque pars toto corpore sana manet.
Atque vtinam nunquam tibi crus, dux LO-
    IOLA sellæ,
Icisset læua missa sagitta manu;
Gallia Cantabrico cum quondam & Iberia bello
    Pro patriis facerent prælia aperta focis.
Quam bello plus pace noces, & ad otia versus
                         Crudeleis

De Itinere svo Constan.

Crudeleis animum vertis ad infidias;
Gallia & in media conscripto milite regnas,
 Diráque fraterno nomine bella geris.
Nempe tua à bello cunctorum fonte malorum
 Secta sata est: bellū hinc nunc & adulta serit.
Aspice Carrafam, placidæ qui tempora vitæ
 Impendit studiis, secta profana, tuis:
Mox septem impositas insedit collibus arces,
 Cornua terrificis intonuere minis.
Tympanáque Italiā confestim audita per omnem,
 Vrbis & ad portas Hannibal alter adest.
Nosque leues adeo, nos, credula pectora, Galli
 Ad bellum infausta sollicitamur aue.
Protinus induciæ violantur patre Quiritum
 Auctore, & Martis nuntius vrbe venit.
Pignora iam belli rutilant, micat igneus ensis
 Liuida adhuc stridens à Phlegethontis aqua.
Hæc infelicis Gallis primordia belli,
 Quod nos exitio nostráque pane dedit.
Huc ergo huc animos, terræ qui sceptra tenetis:
 Nunc velo amoto cernere vera licet.
Caufa heic vestra agitur, nam credite, vestra
 potentis
 In vita H E N R I C I vertitur ecce salus.
                                    Ille

Ille quidem petitur, sed per latus illius omnes
Credite vos Reges, mens nisi læua, peti.
Nullus iam miseris toto patet orbe receptus;
Præsentem ostentant obuia cuncta necem.
Nîl securum. vsquam est;stimulis furialibus actus
Percussor, quoquo vertitis ora, latet.
Nam quibus excubiis maiestas regia posthac,
Aut quo stipatu viuere tuta queat?
Si pueri discunt his vitam odisse magistris,
Extrema & mortis temnere supplicia?
Si tormenta pati possunt, nîlque inde fateri,
Hácque polum sperant scandere posse via?
In vitam alterius nil non permittitur illi,
Cui propria est odio negligitúrve salus:
Mentibus hinc teneris gliscit præposterus ardor,
Et cæcos iuuenes in scelus omne rapit.
Heu sapimus sero, sapimus tamen, atque potenti
Esse Deo curæ Gallica sceptra patet:
Qui nos admonitos, tacta tam leniter aure,
De propria memores esse salute iubet.
Hoc Veneti vidit prudentia cana Senatus,
Vidit, & est nostris reddita cauta malis:
Dum timida secreta his credere mentis ephebos
Vulpibus, atque animi pandere vota vetat:
          Dúmque

DE ITINERE SVO CONSTAN. 63

Dúmque sub his operam studiis nauare magistris,
   Et ferula prohibet supposuisse manum.
Vos quoque, quos cæli rector diademate cinxit,
   Hoc sapere exemplo discite, noxa prope est:
Nec temere errones in regna admittite vestra;
   Hostis, si quis erit, præbeat hospitium.
Sentiet is præsto damnum, recteque monenti
   Flebit, at heu sero, non habuisse fidem.
Mitior infameis exercuit ira volucres,
   Quas Phinei mensis incubuisse ferunt.
Nempe per hos factum, diuinæ vt vocis apud vos
   Esset vbique fames, esset vbique sitis.
Quis Deus alipedes Arctoo ex axe gemellos
   Misit, & ætheria monstra fugauit ope?
Fercula nunc nullo fœtentia sumere tactu,
   Nunc licet è puro fonte leuare sitim.
Reddita libertas nunc pristina, reddita regno
   Maiestas, sacris nunc quoque constat honos.
Dicere nunc verum licet atque audire vicissim,
   Inque Dei templo nunc bona verba sonant:
Nulláque mendaci ponet iam præmia linguæ,
   Venaleisve animas stator Iberus emet.
Turba inimica vale, non exarsisse furore
   Centauros tanta fabula prisca refert,

Marte

Marte Pelethroniis ausôs confligere iniquo
  Conuiua rapta coniuge Pirithoi:
Quos pius Alcides casum indignatus amici
  Lernæa fixos grandine strauit humi.
Quid loquor? Alcidæ est inflicta iniuria nostro,
  Nec tamen Alcidæ est vltio facta manu:
Nempe quod hic Graio generosior Hercule Gallus,
  Turba Ixionio peior vt ista grege est:
Quæ gremio sponsam conata reuellere nostro
  Sacra inter mensæ bella cruenta mouet,
Mōstrórumque dolo domitorem aggressa nefando
  Nunc passim nostro crimine monstra facit.
Non mihi vaticino pectus quod turgeat œstro
  Glorior, aut intus numen habere puto:
Sed si præsagæ non me prudentia mentis
  Decipit, hæc alios deinde pericla manent.
Túque adeo nostris nimis heu conterminus oris,
  Grande domi fratrum qui miser agmen alis,
Si sapis à magno tibi missa hæc Rege putato
  Præsidia, haut arces vi subitura tuas;
Sed quæ compedibus mentes animósque tuorum,
  Et duris stringant nexibus ingenia.
Cum volet ille per hós te finibus exiget hosteis,
  Mutatóque proculcoget abire solo.
                              Et nisi

Et nisi sponte feras, nigrum damnabit ad Orcum:
　Namque etiam in Stygios ius habet ille lacus.
Tu quoque Vindelicos, qui, Gallica nomina, Boios,
　Qui trans Danubium Norica regna tenes,
Quoq. iuues Patres, vestem queis Fibula nectit,
　Effundis totas luxuriosus opes:
Sumptibus immodicis accepta vt damna dolebit,
　In gentem ingratam qui periere, nepos!
Bello internecino cum dulcia pacis auitæ
　Otia mutabit seditiosa cohors,
Et tua regna dabit placito rapienda tyranno;
　Quippe sibi id proprio iure licere putat.
Quin procul ad fuscos gens dira remittitur Indos?
　Illic mira canunt edere facta Patres.
Illic relligio per sola silentia crescit,
　Nec res verbo agitur, iussit vt ille, Dei,
Consita sed granis in sacra rosaria ramos
　Fundit, & in ramis muta sigilla gerit.
His, quibus inter nos perit artibus, incipit illic
　Relligio, in cunis mox peritura suis;
Et noua cuncta placent, quoniam nouus orbis &
　ille est,
　Ex prisca superest & pietate nihil.
As procul Harpyæ hinc, procul hinc Ixione nati

E　　　Semiferi

GEORGII DOVSAE

Semiferi, grauidæ nubis inane genus.
Este noui procul hinc hominum deliria cultus,
 Et quæ sponte sibi numina quisque facit.
Gallia (nam decorat Gallos hac laude vetustas)
 Non alit in gremio talia monstra suo.
Nos iuuat antiquo vitam producere ritu,
 Nos iuuat in prisca simplicitate mori.

His verſibus, reuera aureis, pariſſimum illud Epigramma, quod quidam eximius Poëta, tibi non ignotus in comparationem IHESV & IHESVITARVM hiſtoricâ plane fide luſit, quod cùm doctis ſcirem non ingratum fore, hîc etiam inſerere volui. id autem eſt huiuſmodi.

Presbyteri, à Socio geritis qui nomina IHESV;
 Dispeream si vos IHESVS amare potest.
Humano generi fons & dator ille Salutis,
 Vos contra innocuis omnibus exitio.
Cauponantum agmen flagris Templo expulit ille;
 Et dixit: Precibus est sacer ille locus.
Templa dicata Deo per vos SPELVNCA
  LATRONVM,
 Per vos facta Dei est, magna Taberna, domus.

Frater-

De Itinere svo Constan.

Fraternum passim Lex Christi inculcat amorem:
  Exulat à vestris quàm procul ille choris!
Non Vstor Christus, nõ Sector: vos dare flammis
  Corpora, vos Christi membra secare iuuat.
Plebem iussa Patrum, natos seruare parentum
  Exemplis Christi nos monet ordo suis;
Contra in honore Magistratus, vel habere pa-
   rentes,
  Ignatl Patris vos documenta vetant.
Ignatl, in cuius iuratos verba Magistri
  Spernere vos homines hinc iuuat, inde Deum.
Ignatl, cui Dote viros fraudare, parentes
  Prole suâ, Voti summa caputque fuit.
Quisquis obit, vobis cedant Legata necesse est,
  Nec refert, orbus, an pater ille cluat;
Exhæredantur nati quoque. quàm procul absunt
  A IHESV hæc? Hæres nullius ille fuit.
Vos censu patrio dites spoliatis alumnos:
  Restitui Dominis res iubet ille suis.
Discipulos sine re paucos sibi iunxit IHESVS;
  Cœtibus in vestris pauper vbique iacet.
Nil habuit Christus, vos omnia: nulla supellex,
  Nulla domus Christo, culcita nulla fuit:
Vos Vrbem vestris domibus cõpletis & orbem,

E 2 *Suffulti*

Suffulti plumâ versicolore caput.
Vos uncti capitis Tonsura coronat, IHESV
 Nulla nisi è spinis plexa corona fuit.
Persona fucíque expers agitauit IHESVS;
 Ore nihil vestro pictius esse potest.
Vobis larga caui spirant mendacia folles;
 At Christus doctus non nisi vera loqui.
Plurima sunt Christi miracula, qualia narrant
 Nulla domi à vobis edita, multa foris
Orbe procul nostro: credat Maranus Apella,
 Non ego; & Autores sit penes ista fides.
Fibula cum Christo nil conuenit; omnia pugnant.
 Quid confine Polo scilicet Orcus habet?
Aut vobis IHESVS? quos usu instructa
 magistro
 Natura haud Agnos, sed probat esse Lupos.

Huc pertinet & illud in Fibulatos nescio quos Carpocratis Hæretici sectatores, qui Patres sese indigitant, & quidem Paterrimos.

Odi ego Carpocratas: odij quæ causa, rogatis?
 Sæpe Solœcismum Fibula vestra facit.

Ex his omnibus luce lucidius apparere arbitror, cuinam potissimum rei Con-
sociales

DE ITINERE SVO CONSTAN. 69

sociales isti studeant, qui vt Christo sunt dissimillimi, ita proxime ad Pharisæos accedunt, quos passim Christus, imprimis Math. xxiii. graphicè depingit: & * Iosephus non tam hos delineasse, quam in illos digitum intendisse videri potest. Sed ego, ne modum Itinerarij pluribus autoritatibus colligédis excedam, cùm & aliorum elogiis iampridem hi Patres sint celeberrimi, ad propositũ redeo. De Meletio fortasse, qualis mihi visus sit, requires. Ætate iam est ingrauescente: oris dignitate, animique dotibus in Orientali Ecclesiâ Pontificatûs culmine non indignis : hominum animos ipso aspectu sibi deuincit. Audiui eum aliquoties Galatæ in Templo Χρυσο-πηγῆς cum magnâ animi iucunditate concionantem. Voce vtebatur eloquenti, verbis selectissimis & ab omni ostentatione procul remotis. Præter Ecclesiarũ curam, incumbit ipsi etiam onus Græcorum controuersias componendi; quibus cùm quotidie tantum

E 3 non

non obrueretur, nunquam tamen quæ
est eius humanitas, eum adire prohibi-
tus fui. Viuit in familia eius quidam
candidissimi ingenij Calogerus, nomine Maximus, Archidiaconi Alexandriæ
Titulo non indignus: satis in lectione
Græcorum autorum, quamuis admodum iuuenis, versatus. Descripsit is
meo rogatu omnes Ioannis Zonaræ
Epistolas, cum quibusdam Cyrilli Ho-
miliis, quibus me in patriam abeuntem
non sine verborum honore donauit.
Eius sanè opera plurimum Patriarcha
in rebus Ecclesiasticis vtitur. Sed & Ge-
orgius Cantacuzenus non exiguo Pa-
triarchatui est ornamento: cuius familia, dum res Byzantina stetit, Impera-
toria fuit. Habet Bibliothecam sic satis
manuscriptis codicibus instructam: in
quâ præter alia, volumé augustissimum
variarum in Ποτίβιβλος interpretatio-
num diligentissimè asseruat. Ex huius
Bibliothecæ seruitute meâ Georgij Logothetæ de Constátinopoli à Latinis ca-
ptâ

DE ITINERE SVO CONSTAN. 71
ptâ hiſtoriam cum Mythologiâ Indicâ
redemi. Multa profecto hic Vir non
fuâ, fed Michaëlis Cantacuzeni culpâ
à Turcis aduerſa pertulit. Is Micha-
ël ob quædam crimina in carcerem
coniectus fuerat: cùm autoritate ſuâ,
ad quam fauore Selimi euectus erat,
aduerſus Chriſtianos abuteretur. Attamen poſtea liberatus, ſupremi Baſſæ interceſſione Μέγας Πϱαγματάρχης Imperatoris (cuius erat quotannis ſexa-
genis Ducatorum millibus, res in Au-
lam neceſſarias, & pelles è Moſcouia
pretioſiſſimas comparare) factus eſt.
Tandem vero cùm in Moldauiâ turbas
excitaſſet, mandato Amurathis in An-
chialo Ponti Euxini oppido, laqueo vitam finiuit. Vereor, ne huius exempli
commemoratio grauiùs tuum animum
perculerit. volo, ſi poſſum commodiore
narratione abſtergere, ſi quid tædij ad-
hæſerit: nam quod ſequitur ſine riſu
fortaſſe non leges. cum aliquando ad
قلة تحتل ³*Tachtal Cala* (ita nominatur
arca

area Baiazethis Templo vicina) me conferrem, camelum quendam frequenti stipatum populo, lento vestigio gradientem animaduerto. Ego infolenti hoc spectaculo attonitus, meum comitem Polonum, qui Religionem Turcicam profitebatur, quid sibi hoc vellet, interrogo. Tum ille, Camelum istum, quoniam Mechâ venit, & Alcoranum (qui Diuinæ Legis habetur liber) dorso gestauit, honorem illum promereri. alios proinde pilos eius, tanquam sacros, euellere; alios cum osculari, nonnullos sudorem axillarum eius extergere, eoque sudore oculos & faciem perfricare: tandemque Cameli mactati carnes in minutissimas partes concisas inter fideles ad manducandum distributum iri. Tantum honoris Turcæ camelo deferunt, quem ex solo Alcorani contactu sanctificari putant. Iam quantâ reuerentiâ ipsum Alcoranum prosequantur, ex hoc cognosce, quod hominem

DE ITINERE SVO CONSTAN. 73
nem Chriſtianum, ſi imprudens Alcorano inſideret, capitis ſupplicio afficerent. Eiuſmodi ſuperſtitione laborant Turcæ. Lotioni etiam corporis plurimum tribuunt, putantes frequenti lotione animi ſordes elui. Immane apud eos piaculum illotis pedibus & veretro Templum ingredi. Nunquam etiam videas Turcam ad requiſita naturæ ſecedentem, quin ſtatim deinde partes obſcænas lauet. Vtcunque tamen ſordes corporis deteſtentur, platearum mundiciem minime curant. Si iumentum aliquod moritur, ſtatim cadauer in publicum eiiciunt, in quo cùm aliquando eos reprehenderem, dicebant ad canum præcipuè ſuſtentationem hoc fieri: quibus ſi eiuſmodi alimenta deſint, etiam plærique domeſtica edulia præbere non dubitant, quod pietati conſonum maximè arbitrantur. Sed his omiſſis ad inſtitutum reuertamur. Poſtquam aliquot menſes Conſtantinopoli exegiſſem, li-
E 5   teræ

teræ tuæ de immaturo carissimi fratris obitu afferuntur, quibus in patriam redire iubeor: quo nuntio quam fuerim perculsus, si perscribere aggrediar, vereor ne reliquæ orationis cursum lacrymæ impediant. Vix eloqui possum, amantissime pater, quantus ex eo tempore dolor pectus meum lancinauerit. Quid enim agerem? vbi tali fratre spoliatum me videbam, quo haud scio, an amabilius quicquam, siue candidius in rerum natura extiterit. Sed quid? moderatius eius mors ferenda videtur, vel quod ad eam perfectionem venerat, cui nihil addi poterat, vel quod huic seculo subductus est, in quo cum optimò quoque pessimè agitur. Eo quidem tempore optatissima mihi occasio oblata fuit, vt in Poloniam cum Generoso Domino Stanislao Golscio, qui id temporis à serenissimo suo Rege ad Portam Ottomanam Orator missus erat, redirem. Itaque Amplissimo Eduardo Bartono Oratori Anglo, apud quem

DE ITINERE SVO CONSTAN. 75
quem septem ferè menses exegeram,
Viro omni liberali doctrinâ, comitate,
tum politicis virtutibus cumulatissimè
instructo valedixi ; rebusque ad iter
compositis x. Kal. Decembris Constantinopoli discessi : nec sumus eo
die longius quam كـوـچـك زوكـي
صكمـزي Kucziuk Czekmesi, hoc est,
Pontem paruum progressi.
Oppidulum est quinque circiter horarum spatio Byzantio distans, loco supra
quàm dici possit amœno situm. Inde
postridie digressi
Buiuk Czekmesi, hoc بوـيوك صكمـزي
est, Pontem magnum peruenimus. Pontes
ambo tam maior, quàm minor oppidis
sibi vicinis nomen dederunt. Pontes hos
Imp. Solimanus Mahumetis huius proauus luculento sanè opere refecit: cui
quidem tria in optatis fuisse dicuntur,
vt videlicet Aquæductum Valentinianum restitueret : deinde hos Pontes in
vtroque, sinu maris latissimo : reficeret
Viennam denique expugnaret. Prioris
vtriusque

vtriufque voti factus est compos: tertio Deus nobis propitius fauere noluit. Hinc Selybriam venimus, quæ ciuitas præcipuè aëris falubritate commendatur. Dum Selybria Tzurulum properaremus, quod est eâ via oppidulum nonnihil à Propontide verfus mediterranea fitum, videbamus nos confortio cuiufdam Iudæi auctos esse, cuius hîc, prorfus ab omni benignitate alieni, obliuifci nõ possum. Is erat Byzantinus, & قره كاس *Cara cas*, nomine, Turcarum fermone illi cum *nigro anfere* communi, vocabatur. Hic cùm effet locupletiffimus, cæterum extremæ auaritiæ, adduci nunquam poterat, vt vel afprum faltem vnum corporis commoditatibus impenderet. Admonebant eum noftri comites ferio, vt fibi de pelliceâ profpiceret, eius veftem, quæ erat æftiualis, frigori, quod vehementiffimum inftabat, depellendo non fufficere: fed furdo canebatur. Sumferat fecum Byzantio aliquot piperis & croci,

croci, aliorumque aromatum manipulos, & quæ alij pecuniâ, ille suis aromatibus præstinabat. Simulabat se quotidie de gallo assato, cuius iusculo panem intingebat, comedere, cùm tamen ne pilo quidem, quod dicitur, gallus minueretur. Interim esurie & frigore confectus vastissima montium ac camporum spatia in maximis miseriis emetiebatur, cum quibus tamen diutius non est conflictatus, quam dum Leopolim intraremus, quo ex loco penetrauit se ad plures. Inter Tzurulum & Selybriam vidimus non obscura veteris muri vestigia, quem à Ponto Euxino Selybriam vsque pertingentem Anastasius Dicorus aduersus barbarorum incursiones extruxit. Tzuruli satis cómodè stabulati sumus in *Carauansarai*, quod di-کربان سرای uersorij genus iam olim è Busbequio tibi non ignotum arbitror. Arcem munitissimam hoc in loco quondam fuisse, cum ex meo manuscripto exemplari
Georgij

Georgij Logothetæ,cum Ioanne Zonarâ cognoſco, qui in vitâ Mauritij Auguſti ſcribit, Chagano cum infinitâ multitudine Thraciam ingreſſo Romanorum ducem territum, in Caſtellum Tzuruli ſe concluſiſſe. Tzurulo peruenimus Babam; ex hoc tranſmiſſo Euro fluuio Hapſalam, oppidum Templo & Diuerſorio Mahumetis Baſſæ nobile. inde, quintâ demum poſtquam Conſtantinopoli diſceſſeramus, die, attigimus Adrianopolim, quam Turcæ *Iederne* vocant. Sed antequam Vr- يلرنه bem ingrederemur, videbamus cœmeterium, in quo haſtæ ligneæ plæriſq. tumulis ſuperinfixæ exſtabant: cumque cauſam quæreremus, aiebant gentiles ac propinquos defunctorum eo monumento militum in bello ſtrenuitatem apud poſteros publicè teſtatam eſſe voluiſſe. Adrianopolis ad fluuium Hebrum poſita iacet, qui præclaro ponte à Muſtaphâ ſtratus eſt. Suburbanis ædificiis ita tumet, vt, ſi Imperij Turcici felicitas

DE ITINERE SVO CONSTAN. 79
licitas perennauerit, meo quidem animo altera Conſtantinopolis futura ſit, quando non minus, quam hæc, à mercatoribus & omnis generis opificibus frequentetur. Tres dies Adrianopoli commorati progredimur vlterius, tranſmiſſoque Rhodopes montis iugo, & ſeptem diebus ſub Ioue frigido tranſactis in Oppidum Haidoſch venimus. Per hæc loca tranſeuntibus puellæ ruſticæ nobis panes ſubcinericios recenti à foco etiamnum calentes, anſeres, pullos gallinaceos, gallinaſque commodo ſatis pretio venales offerebant. Exiguo ab oppido Haidoſch ſpatio, vetuſtæ cuiuſdam Arcis in edito quodam monte ruinas vidimus. Hinc per arctiſſimas cuiuſdam montis, quem incolæ Balchanum nominant, anguſtias, Prouadiam perreptauimus. In hoc itinere interdum miſelli alicuius Chriſtiani tuguriis excipiebar, quæ tam anguſta erant, vt ſæpe caput ſub recto reclinans, pedes extra ianuam habere cogerer.
Cùm

Cum sub dio pernoctaremus, præsidio ignis nocturnum frigus defendebamus. plærunque etiam vino, præsentissimo tædioli adeò itineris remedio vtebamur. Non deerat etiam pultis genus, quod ex oryzâ addito saccaro concinnabamus, quo recreati, æquiore animo vix labores atque incommoda sustentaremus. Iacet sanè Prouadia loco naturâ munitissimo : altissimis & præruptis rupibus, in quarum vna etiam Arx sita est, ab vtraque parte veluti continuo quodam muro cingitur. Hæc Ciuitas à mercatoribus, præcipuè Ragusæis, ob mercatum pellium bufalorum, quibus ea regio abundat, frequentatur. Ex his angustiis Basarczicum venimus, vno de comitibus nostris desiderato, quem fluxus sanguinis consumserat. Basarczico digressis non ita ex voto reliquum itineris succesit, quandoquidem ita ventis niuibusque agitari cœpimus, vt facile eo tempore cum Poëta dixisses:

τὰ δ᾽.

τὰ δ' ὑπέρτερα νέρτερα θήσει
Ζεὺς ὑψιβρεμήτης.

Cæpit enim eo die, qui erat XII. Decembris, Boreas ita aduerso impetu, pluuiâ se etiam miscente, tempestuosè flare, vt coacti fuerint Turcæ comites nostri, nisi, vti ipsi dicebant, mori præoptarent potius, in oppidum redire. Hæc autem tempestas cum tanto frigore perseuerabat, vt omnes vnà cum cutribus & equis in glaciem, siue glaciales statuas potius conuersi videremur. Augebat miserias nostras, quod eo tempore sub dio dormiendum erat: solabar me tamen aliquantulum, quod eo modo Danubium, quem paulo post transmissuri eramus, facile congelari posse viderem. Postea oppidum quoddam, quod à lacu sibi vicino Carasu, id est, nigra aqua appel- قره سو latur, transiuimus. Inde per campos planissimos, quos *Tatarski pole* incolæ appellant, Babam venimus, Vrbem, quantum ex ruderibus coniicere licebat, ali-

F quando

quando maximam: sed à Cosakis hodie miserè diruta ac solo æquata iacet. Hinc digressi in Vicum quendam Monaster diuertimus, qui vno miliari à Danubio distat, vnde post aliquot dierum interuallum (nam Danubij congelationem expectabamus) in pagum Obluczice, siue vt Turcæ nominant *Sakczy* penetrauimus. Danubio glaciali marmore incrustato, per glaciem discedimus ipsa Circuncisionis Dominicæ die. Hic nihil opus esse arbitror, vt enarrando reditu meo per Moldauiam pluribus te morer: cum ferè per eadem loca reuersus fuerim, quæ antea iam descripsi: nisi quod in reditu Lacum Rosoue glaciatum traiecerim, & Oppidum Hus non tam Valachis quam Hungaris incolis frequens transierim. Porrò in omnibus oppidis, quæ superiùs nominaui, si ea, quæ supra Adrianopolim sita sunt, excipias, nihil præter barbariem meram, id est hominum ad egestatis terminos redactorum illuuiem, locorumque

DE ITINERE SVO CONSTAN. 83
rumque vastitiem ac solitudinem vidimus. Camenetiam venio die VI.
Februarij, in quo itinere quantos labores exantlauerim, qui duos ferè menses sub dio transfegi, iis cogitandum relinquo, qui meum studium calumniari, quam probare maluerint. Camenetiâ, vbi per aliquot dies moratus,me refeceram, venio Leopolim, inde Belzum, post Zamoscium, vbi ea humanitate Herois Illustrissimi Ioannis Zamoscij exceptus sum, vt omnium tædiorum & miseriarum tam molesti itineris facile obliuiscerer. Tu cogita, amantissime pater, quam melli mihi fuerit tanta terrarum spatia emenso, istiusmodi Viri; quo haud scio an quicquam melius sol illuxerit, fauentiâ haud indignum iudicatum; idque tui potissimum nominis merito. Nihil dico de auitâ eius nobilitate,nihil de maiorum eius præclarè gestis. Per se, atque adeo suis virtutibus abunde illustris est. Ex quo ille gubernaculis Regni admotus fuit, nihil
F 2 prius

prius habuit, quam patriæ suæ omni ope, labore & sumtu ire opitulatum. Infestabantur iampridem Tartarorum excursionibus limites Poloniæ : incolæ subinde è Podoliâ in diram Turcarum seruitutem abripiebantur. Nunc verò sub huius præsidio limites huius Regni tam tuti sunt, vt, si quis eos vel maximis copiis instructus, inuadere se postulet, incassum laboret, nunquam vtique ad propositi sui scopum peruenturus. Iamdudum Moldauiæ vastitiem inuecturi fuerant Tartari, nisi hic Heros Heroico planè ausu illi subueniisset, Tartarisque cum ipso Prætopiensium Principe profligatis, Hieremiam Mohile ibidem Palatinum constituisset. Nihil autem magis innatum eius erga patrios lares amorem declarare possit, quam hæc ipsa Ciuitas, quam propriis sumtibus à fundamentis extruxit, mœnibus & propugnaculis aduersus hostium impetum validissimis muniuit, & à suo nomine Zamoscium appellauit.

Omnes

De Itinere svo Constan.

Omnes probè scimus eum non solum Poloniæ, sed & toti Europæ, immortalis suæ virtutis effigiem, tanquam Pyramides quasdam aut statuas reliquisse. Veteribus mos fuit, eis qui insigne ob facinus perpetuitatem meruissent, imagines & simulachra erigere: sed ego arbitror, eiusmodi statuas & imagines vel vi ventorum conuulsas decidere, aut fulmine exustas euanescere: huiusmodi verò encomiorum genera, quæ viua sunt hominum simulachra, nullo modo conuelli, aut senio obliterari posse, imo ipsa vetustate firmiora fieri. Quocirca huiusmodi laudum præcones præ Myrone illo statuario, Phidia & Apelle pictoribus, & Praxitele sculptore admiratione digni videntur. Cæterùm cùm tot huius Imperatoris erga Regnum Poloniæ exstent merita, cum quonam potius eum conferam? cum Cyróno illo Persarum Rege laudatissimo, an cum Atheniensium Duce Themistocle? cum Philippóne Macedone, an Pericle?

Sed

Sed cum nullo melius cum conferri poſſe, quam cum Magno illo Conſtantino arbitror. Meritò etiam eum Imitatorem Domini noſtri appello, qui cùm ſe Bonum Paſtorem nominaſſet, ſtatim infert: *Paſtor bonus animam ſuam ponit pro ouibus.* Et hic Heros non ſemel in diſcrimen vitæ ſe coniecit, vt ſuæ fidei commiſſos à luporum rapacitate vindicaret. Optimè cognitum habet quam perſonam ſuſtineat: ideo omnes eius conatus eò ſpectant, vt patriæ ſuæ inſeruiat: priuata commoda publicis poſthabeat. In ſingulis diſciplinis ita excellit, vt totam ætatem in ſtudiis triuiſſe videatur. Viros humanioribus literis excultos quantâ beneuolentiâ proſequatur, ex Hippeo Muſis & literarum ſtudiis ab eodem exſtructo ſatis conſtare arbitror. Summum ei Religionis ſtudium, ad mandata Dei totius vitæ curſum moderatur. omnibus prælucet, exemploque eſt ſubditis quid fugere, quid ſequi debeant. referebat mihi omnes ferè

DE ITINERE SVO CONSTAN. 87
nes ferè victorias suas de hostibus quæ-
sitas in diem Dominicum incidisse; quo
nomine etiam Templum in hac eadem
Ciuitate RESVRRECTIONI DO-
MINICAE SACRVM incredibili
impensâ excitari curauit. Sed præter
cetera, quæ ibi vidi, armamentarium
inprimis me obstupefecit, per quod
dum me deduceret, se inibi non nisi
tormenta bellica, quæcunque ab hostibus acquirere potuisset, reponere dice-
bat, quorum iam magnam copiam Ger-
manis, Tartaris, præcipuè autem Mo-
couitis, dum bello maximi illius Ba-
horei Regis præerat, belli lege eripuit.
Quatuor ita diebus in hac Ciuitate tran-
actis, cùm nihil, quod ad beneuolentiæ
significationé pertineret, Heros ille præ-
termisisset, datâ acceptâque salute Za-
noscio discedo; & biduo post Lubli-
num venio. In hac Ciuitate quotannis
iudicia exercentur, quorum in Polonia
autoritas tanta est, vt nec ad regé nec ad
Regni Procerum Comitia inde prouo-
F 4   care

care liceat. Lublino venio Varſauiam, Vrbem, propter Comitia, quæ plærunque magno præcipuæ Nobilitatis concurſu ibi fiunt, celeberrimam. Viſtula fluuius eam alluit, qui mirabili, ac penè Dædaleo operę fabrefacto ponte à Sigiſmundo Auguſto ſtratus eſt. In huius Ciuitatis ſuburbio, per octo dies, hoſpitio politiſſimi iuxtà ac prudentiſſimi Viri Georgij Berginanni Gedanenſium Syndici vſus ſum, cuius morum comitas pari condîta eruditione, haud leuiter ſanè me exhilarauit. Hinc, facto per Toruniam itinere, ſpatio ſeptem dierum Dantiſcum venio, Vrbem ampliſſimam, quæque principem locum in Septentrione merito obtinere creditur. Eius ſanè Proceres non minus eruditione, quam rerum politicarum experientià inſtructi ſunt; inter quos Clariſſimus Vir Bartholomæus Schachmanus, cùm virtutibus, tum etiam πολυςοπίᾳ cumulatiſſime ornatus, facile eminet; cuius nomine plurimum huic
Vrbi

Vrbi debere me fateor, quòd tantum hîc virum conuenire, notitiamque pariter & amicitiam cum eodem iungere licuerit. Peragrauit is præter Germaniam, Galliam, Italiam & Ægyptum, vniuerfum penè Orientem, vnde fibi non exiguam exoticarum rerum fupellectilem reportauit. Vix credo cuiquam rei alicuius in mentem venire poffe, cuius ille fpecimen in fuo κειμηλιαρχίῳ non habeat. Nummorum tam veterum, quam recentium tantâ inſtructus eſt copiâ, vt non alibi locorum facilè fimile quid inueniri poffe exiſtimem. Huic non inferior eſt ornatiſſimi ingenij Vir Gualtherus ab Holdten, quem nuper admodum ex literis ad te fcriptis cognouiſti. Is, præterquam quod mores hominum multorum vidit & vrbes, omnium etiam linguarum occidentalium exactiſſimam fibi notitiam comparauit. Huius etiam, dum in hac Vrbe vixi, familiaritate vfus, fauentifsimam femper eius studij

studij voluntatem expertus sum. Mensem ergo in hac Vrbe moratus, patriam versus viam ingredior: in quo itinere Pomeraniam, Holsatiam, Westphaliam peragraui, quibus regionibus, quoniam sunt nobis vicinæ, & quotidie à nostratibus frequentantur, inhærere minimè necessarium existimo. Habes, mi Pater, vniuersam Itineris nostri Constantinopolitani serié, ad quod ingrediendum me non Myro aliqua Byzantia, vel Asiaticæ delitiæ, verum ipsius rei honestas, & ignota discendi cupiditas stimulârunt. Tu si aliquo modo hunc conatum meum tibi non displicere declaraueris, neque inutilem, neque infructuosam operam in eo collocasse videbor: sin minus, hoc tamen tibi, non obscurum (vti opinor) obseruantiæ in te meæ testimonium habebis. Lugduni Batauorum, CIƆIƆ. IIC. Kal. Augusti.

1. *Nobilissima*

Nobilissimo Viro
PETRO CEKLINIO
PRIMARIO SERENISS.
Polonorum Regis Secretario ͘ Ιc
GEORGIVS DOVSA
s. D.

Et Byzantinæ conuersationis nostræ recordatio, tuique politissimi ingenÿ admiratio, cuius dexteritate Trinummum Plauti nuper admodum Polonicè loquentem suspicere & admirari licuit, effecerunt, vt Inscriptiones has tuo nomini inscriberem. Qui enim sæpe Constantinopoli de huiusmodi rebus familiariter mecum loquebaris, sciebam te has Επιγραφὰς non aspernaturum; quæ partim à me è monumentis antiquis erutæ, partim à Theodosio Zygomalâ in hoc studiorum genere haud tralatitiè versato in aliis Græciæ locis descriptæ sunt. Eas itaque amoris & beneuolentiæ meæ pignus boni consulas, & me, si mereo, amore, quo solebas, amare perges.

GEOR-

GEORGIO DOVSÆ
BYZANTIO REDVCI
Ἐγκώμιον.

Si quis cum fructu populos lustrauit & vrbes,
  Iuit & Eöos visere & Hesperios,
Si quis magnifico mactauit munere Belgas:
  Si bene quis Genio est vsus & Ingenio.
Ne viuam, nisi tu multis è millibus vnus
  Ille eris, ô animæ portio Dousa meæ.
Tu nos Hippodromos, Obeliscos, Septa, Colossos,
  Pegmata, Aquæductus, Balnea, Templa, Domus,
Marmora functorum, Cippos, incisáque Græcis
  Saxa notis, Moles, Pyramidésque doces.
Verùm ego quid tricor? quid multis dissero? Belgis
  Quod NOVA ROMA pates, muneris omne tui est.
Et dubitamus adhuc, num quis cum fœnore tanto
  Visit & Eöos, visit & Hesperios?

P. SCRIVERIVS.

INSCRI-

INSCRIPTIONES ANTIQVÆ. 95

```
Γ. ΙΟΤΛΙΟΝ. ΣΚΑΠΛΑΝ
ΤΠΑΤΟΝ. ΑΠΟΔΕΔΕΙ
ΓΜΕΝΟΝ. ΠΡΕΣΒ. Κ. ΑΝΤΙ
ΣΤΡΑΤΙΓΟΝ. ΑΤΤΟΚΡΑΤΟ
ΡΟΣ. ΤΡΑΙΑΝΟΤ
ΣΕΒΑΣΤΟ .∴. ΑΚ
ΔΟΣΑΡΧΙΣΤΟΝ
Κ. ΑΤΤΟΚΡ .∴. ΑΙΛΙΟΤ
ΧΑΙΣΑΡΟΣ ΑΝ
ΘΤΠΑΤΟΝ ΜΟ
ΝΑ. ΛΕΓ. Δ .∴. Α
ΤΙΓΟΝ. ΔΗ .∴. ΑΝ.
```

```
SOLIS. AESCVLA
PIO. ET. HYGI
AE. FL. MARCI
ANVS. >. LEG.
XIII. GEM. ET
LEG. XV. APOL
IVSSV. FORVM
    POSVIT.
```

```
IMP. CAESAR
M. AVRELLIO. ANTO
NINO. AVGVSTO
CAELICIVS
   FELIX.
```

```
ΑΝΕΙΚΗΤΙΟΙ
ΚΑΙ. ΜΑΧΙΜΟC
ΚΑΙ. ΜΤΡΤΙΛΟC
ΚΑΙ. CΤΡΑΒωΝ
ΜΝΗΜΗC. ΧΑΡΙΝ
```

```
Ν. ΚΑΛΛΙC
ΤΟC. ΦΟΙ
ΒΙωΝΙΤω
ΜΝΗΜΗC. ΧΑ
ΡΙΝ. ΕΝΚΑ
ΤΑΛΡΡΕ ΕΤΑΙΡω
ΚΑΙ ΕΑΤΤω
```

D. M.

94. INSCRIPTIONES ANTIQVAE.

```
. . / . D. M.
FL AVDACIS 7
LEG. I. ADIVTRIC
NAT. GERMANIO
VIXIT. ANNIS. L.
MENS. III. DIEBVS
IIII. IVLIVS. FORTV
NATVS. COLLEGA
ET. PROCVR. EIVS
AMICO. OPTIMO.
```

```
L. PETRONIVM
VERVM. LEG. AV
PR. PR. C. MV. COS
DESIG. TIV .˙.˙. VS
SELEVCVS. ET. SEPTI
MIVS. VALERIANVS
B. B. CORNICVLA
RI. EIVS. PRAESIDE
SANCTISSIMVM
      H. C.
```

```
ΑΓΑΘΗΙ. ΤΥΧΗΙ..
Ἁ ΠΑΠΕΙΡΙΟ
ΛΕΞΑΝΔΡΟΝ
ΑΡΧΙΕΡΕΑ. ΚΑΙ .˙.
ΤΟ. Β. ΓΡΩΤΟΝ
ϽΧΟΝΤΑ. ΚΑΙ. Τ
ΕΙΡΙΝΑΡΧΗΝ .˙.˙
Σ. ΜΓΡΟΠΟΛΕ .˙.
Σ. ΑΝΚΥΡΑΣ
Α. ΙΔΙΑ. ΒΙΟΥ. ΙΕ.˙.
Α. ΤΟΥ. ΔΙΟΝΥ.˙.
ΟΥ. ΦΥΛΗ. ΕΔΙ.
```

```
ΘΕΟΙΣ. ΚΑΤΑΧΘΟΝΙ
ΟΙΣ. ΚΑΙ. ΚΑΠΙΤΩΝΙ
ΠΑΣΙΚΡΑΤΟΥΣ
ΑΝΔΡΙ. ΓΕΝΝΑΙΩ
ΚΑΙ. ΑΓΑΘΩ. ΠΟΥ
.˙. ΛΙΟΣ. ΑΔΕΛΦΟΣ
ΑΥΤΟΥ. ΚΑΙ. ΠΑΣΙ
ΚΡΑΤΗΣ. ΚΑΙ. ΜΗ
ΝΟΔΩΡΟΣ. ΥΙΟΙ
ΑΥΤΟΥ. ΠΕΡΗΝΟΙ
ΜΝΗΜΗ. ΤΗ. ΧΑ.˙.
```

ΖΩΤΙ-

ZΩTIKON ΒΑΣΣΟΥ
ΑΝΔΡΑ ΑΓΑΘΟΝ ΥΟΝ
ΦΥΛΗΣ ΙΑ. ΦΥΛΑΡΧΗΣΑΝ
ΤΑ ΦΙΛΟΤΕΙΜΩΣ. ΚΑΙ
ΑΣΤΥΝΟΜΗΣΑΝΤΑ. Α
ΓΝΩΣ. Κ. ΕΡΓΟΝ. ΠΟΙΗ
ΣΑΝΤΑ. ΠΟΛΥΤΕΙΜΗΤΟΝ
ΕΝ. ΚΟΜΟΚΕΤΙΩ. ΕΚ. ΤΟΝ
ΙΔΙΩΝ. Κ. ΚΑΘΗΜΕΡΑΝ
ΠΟΛΛΑ. ΠΑΡΕΧΟΝΤΑ Τ. ΦΥ
ΛΗ. ΤΕΙΜΗΘΕΝΤΑ ΕΝ
ΕΚΚΛΗΣΙΑΙΣ. Κ. ΒΟΥΛΗ
ΦΥΛΗ. ΙΑ. ΝΕΑ. ΟΛΥΜΠΙΑ
ΕΠΙΜΕΛΟΥΜΕΝΩΝ
ΒΑΣΣΟΥ. ΓΑΙΟΥ. Κ. ΑΘΗΝΑΙΟΥ
ΣΕΝΤΑΜΟΥ. ΤΟΥ. ΤΟΠΟΥ
ΔΟΘΕΝΤΟΣ. ΥΠΟ. ΤΗΣ
ΛΑΜΠΡΟΤΑΤΗΣ. ΒΟΥΛΗΣ.

IMP. CAESARI. M.
AVRELLIO
ANTONINO IN.
VICTO AVGVSTO
PIO. FELICI
A. ELLYCINVS V. E
DEVOTISSIMVS
NVMINI EIVS.

DIS MAINB.
L. LVCCIO. L. F. ROM.
SECVNDO. COMI +
M. VALERI. ITALI
LEG. AVG.

L. DIDIO

94. INSCRIPTIONES ANTIQVAE.

```
D. M.
FL. AVDACIS 7
LEG. I. ADIVTRIC
NAT. GERMANIO
VIXIT. ANNIS. L.
MENS. III. DIEBVS
IIII. IVLIVS. FORTV
NATVS. COLLEGA
ET. PROCVR. EIVS
AMICO. OPTIMO.
```

```
L. PETRONIVM
VERVM. LEG. AV
PR. PR. C. MV. COS
DESIG. TIV .'.'.'. VS
SELEVCVS. ET. SEPTI
MIVS. VALERIANVS
B. B. CORNICVLA
RI. EIVS. PRAESIDE
SANCTISSIMVM
H. C.
```

```
ΑΓΑΘΗΙ. ΤΤΧΗΙ..
Α ΠΑΠΕΙΡΙΟ
ΛΕΞΑΝΔΡΟΝ
ΑΡΧΙΕΡΕΑ. ΚΑΙ .'.'
ΤΟ. Β. ΓΡΩΤΟΝ
ƆΧΟΝΤΑ. ΚΑΙ. Τ
ΕΙΡΙΝΑΡΧΗΝ .'.'.
Σ. ΜΤΡΟΠΟΛΕ .'.'.
Σ. ΑΝΚΤΡΑΣ
Α. ΙΔΙΑ. ΒΙΟΤ. ΙΕ.'.
Α. ΤΟΥ. ΔΙΟΝΤ.'.
ΟΥ. ΦΤΛΗ. ΕΔΙ.
```

```
ΘΕΟΙΣ. ΚΑΤΑΧΘΟΝΙ
ΟΙΣ. ΚΑΙ. ΚΑΠΙΤΩΝΙ
ΠΑΣΙΚΡΑΤΟΤΣ
ΑΝΔΡΙ. ΤΕΝΝΑΙΩ
ΚΑΙ. ΑΓΑΘΩ. ΠΟΤ
.'.'. ΔΙΟΣ. ΑΔΕΛΦΟΣ
ΑΤΤΟΤ. ΚΑΙ. ΠΑΣΙ
ΚΡΑΤΗΣ. ΚΑΙ. ΜΗ
ΝΟΔΩΡΟΣ. ΤΙΟΙ
ΑΤΤΟΥ. ΠΕΡΗΝΟΙ
ΜΝΗΜΗ. ΤΗ. ΧΑ.'.'.
```

ΖΩΤΙ.

INSCRIPTIÓNES ANTIQVAE.

ΖΩΤΙΚΟΝ ΒΑΣΣΟΥ
ΑΝΔΡΑ ΑΓΑΘΟΝ ΥΟΝ
ΦΥΛΗΣ ΙΑ. ΦΥΛΑΡΧΗΣΑΝ
ΤΑ ΦΙΛΟΤΕΙΜΩΣ. ΚΑΙ
ΑΣΤΥΝΟΜΗΣΑΝΤΑ. Α
ΓΝΩΣ. Κ. ΕΡΓΟΝ. ΠΟΙΗ
ΣΑΝΤΑ. ΠΟΛΥΤΕΙΜΗΤΟΝ
ΕΝ. ΚΟΜΟΚΕΤΙΩ. ΕΚ. ΤΟΝ
ΙΔΙΩΝ. Κ. ΚΑΘΗΜΕΡΑΝ
ΠΟΛΛΑ. ΠΑΡΕΧΟΝΤΑ Τ. ΦΥ
ΛΗ. ΤΕΙΜΗΘΕΝΤΑ ΕΝ
ΕΚΚΛΗΣΙΑΙΣ. Κ. ΒΟΥΛΗ
ΦΥΛΗ. ΙΑ. ΝΕΑ. ΟΛΥΜΠΙΑ
ΕΠΙΜΕΛΟΥΜΕΝΩΝ
ΒΑΣΣΟΥ. ΓΑΙΟΥ. Κ. ΑΘΗΝΑΙΟΥ
ΣΕΝΤΑΜΟΥ. ΤΟΥ. ΤΟΠΟΥ
ΔΟΘΕΝΤΟΣ. ΥΠΟ. ΤΗΣ
ΛΑΜΠΡΟΤΑΤΗΣ. ΒΟΥΛΗΣ.

IMP. CAESARI. M.
AVRELLIO
ANTONINO IN.
VICTO AVGVSTO
PIO. FELICI
A. ELLYCINVS. V. E
DEVOTISSIMVS
NVMINI EIVS.

DIS MAINB.
L. LVCCIO. L. F. ROM.
SECVNDO. COMI +
M. VALERI. ITALI
LEG. AVG.

L. DIDIO

ΓΑΙΝΟΝ ImEA
ΡΩΜΑΙΩΝ. Κ. ΒΤΗΝ
ΤΗΝ. ΥΡ.∴∴∴ ΝΑΡΕΑΝΤΑ
ΠΟΛΙΤΟΓΡΑΦΗΣΑΝΤΑ. ΚΑΙ
ΠΡΕΣΒΕΥΣΑΝΤΑ. ΠΑΡΑ
ΑΠΑΝΤΩΝ ΕΘΝΩΝ. Κ. ΑΓΩ
ΝΟΘΕΤΗΣΑΝΤΑ. ΔΙΣ. ΤΟΥΤΕ
ΚΟΙΝΟΥ. ΤΟΝ ΓΑΛΑΤΩΝ. Κ.
ΔΙΣ. ΤΩΝ. ΙΕΡΩΝ. ΑΓΩΝΩΝ
ΤΩΝ ΜΕΓΑΛΩΝ. ΑΣΚΛΗΠΙ
ΤΙΩΝ. ΙΣΘ. ΠΥΘΙΩΝ. Κ. ΑΡΧΙ
ΕΡΕΑ. ΤΟΥ. ΚΟΙΝΟΥ. ΤΩΝ. ΓΑΛΑ
ΓΑΛΑΤΑΡΧΗΝ. ΣΕΒΑΣΤΟΦΑΝ
ΤΗΝ. Κ. ΚΤΙΣΤΗΝ.∴.ΗΣ ΜΗΤ
ΡΟΠΟΛΕΩΣ. ΑΝΚΥΡΑΣ. ΦΥΛΗ
ΕΟΝΕ ΠΑΣΙΠΡ
.∴∴. ΕΡΓΕΤΗΝ. Κ. Π.

V. CN. POMPEIVS. PHILINVS.

POMPEIÆ. PHILVMENÆ

FILIÆ

ET SIBI

D.M.

Inscriptiones Antiquae. 99

```
    D.  M.
L. HENNIO. MAR
LEG ∴∵∴∵∴∵ QVI
VIXIT. ANNIS. LXX
∴∵∴∵∴∵ MEM ∵∴
ORIAL. CAVS ∵∵. S.
HENNIVS. TERC.
ET. HENNIVS. AEMIA
   NVS. LIB. EIVS.
PATRONO. OPTIMO.
```

```
ΤΙΒ. ΚΛΑΤΔΙΟ
ΦΙΛΟCΤΟΡ
ΓΟΝ. ΝΕΩΤΕ
ΡΟΝ. ΦΤΛΗC
ΙΕΡΑΒΟΤΛΑΙΑC
ΚΑΤΑ ΑΝΑΓΟΡΕΥ
ΣΙΝ. ΒΟΤΛΗΣ, ΚΑΙ
ΔΗΜΟΥ. ΤΕΙΜΙ
ΘΕΝΤΑ. ΠΟΛΛΑ
ΚΙΣ. ΕΝ. ΕΚΚΛΗΣ
ΙΑΙΣ. ΑΝΔΡΙΑΣ.
```

```
Ε. Κ. Ι. ΑΝΔΡΩΝΕ
ΙΕΡΟΠΟΙΙΩΝ. ΣΤΡΑ
ΤΗΓΟΝ. ΟΥΡΒΑΝΟΝ; ΠΡΕ
ΣΒΕΥΕΝ. ΛΕΓΙΩΝΟΣ
Λ. ΟΥΛΠΙΑΣ. ΝΙΚΗΦΟ
ΡΟΥ. ΕΠΙΜΕΛΗΤΗΝ. Ο
ΔΟΥ. ΑΠΠΙΑΣ. ΥΠΑΤΟΥ
ΠΡΕΣΒ. ΑΝΤΙΣΡΑΤΗ
ΓΟΝ. ΣΥΡΙΑΣ. ΠΑΛΑΙ
ΣΤΕΙΝΗΣ. ΤΡΕΒΙΟΣ
ΚΟΚΚΗΙΟΣ. ΑΛΕΞΑΝ
ΔΡΟΣ. ΤΟΝ. ΕΑΥΤΟΥ. ΕΥ
ΕΡΓΕΤΗΝ.
```

ΑΓΑΘΗΙ. ΤΥΧΗΙ

ΑΥΦΙΔΙΟΝ.
ΙΟΥΛΙΑΝΟΝ
ΤΟΝ. ΚΡΑΤ. ΕΠΙΤΡΟ
ΠΟΝ. ΤΩΝ. ΣΕΒΒ
ΤΟΝ. ΕΝ. ΠΑΣΙ. ΑΓΝΟΝ
Κ. ΔΙΚΑΙΟΝ. Κ. ΠΑΣΗ
ΑΡΕΤΗ. ΚΕΚΟΣΜΗ
— — ΜΕΝΟΝ —
ΕΥΤΥΧΙΔΗΣ. ΣΕΒΒ
ΑΠΕΛΕΥΘ. ΤΑΒΟΥ
ΛΑΡΙΟΣ. ΤΟΝ. ΕΑΥΤΟΥ
ΠΑ .:. ΡΟΝΑ. Κ. ΕΝ. ΠΑΣΙΝ
ΕΥΕΡΓΕΤΗΝ

ΤΥΜΒΟΝ :.
ΚΑΙ. ΒΩΜΟΝ
ΜΕΛΕΑΓΡΩ
ΕΝΘΑΔΕ. ΤΕΞΑΝ
ΚΥΡΙΑ. ΚΕΙΜΑΙ).
ΤΟΥΔΕ ΠΑΡΟΣ
ΠΡΟΓΗΓΩΣΑ. ΣΥΝΕΥ
ΝΟΣ. ΤΙΟΙ. ΔΗΜΑΓΝΟΣ
ΚΛΕΟΝΕΙΚΟΣ. ΓΛΥΚΥ.
ΤΑΤΩ. ΓΕΝ .:. ΤΗ. ΜΝ .:
ΜΟΣΥΝΟΙΟ. ΧΑΡΙΝ.

ΣΕΚΟΥΝ.

ΣΕΚΟΤΝΔΟΤ ΕΠΙΜΕ
ΛΟΤΜΕΝωΝ.
ΠΟΝΤΙΚΟC ΑCΚΛΗΠΙΟΤ
ΔΙC. ΦΤΛΑΡΧΗC. ΦΤΛΗC. Ν
ΑΤΗ. ΑCΤΤΝΟμΗCΑC. ΙΡΑ
CΑΜΕΝΟC. ΤΗ. ΠΑΤΡΙΔΙ. ΒΟ.
....
ΑΕ...ΤΟΝ. ΠΡΟΓΟΝΗΚΟΝ
ΒωΜΟΝ. ΕCΚΕΤΑCΕΝ
ΧΑΙΡΕ ΠΑΡΟΔΕΙΤΑ

ΚΛ. ΑΙΜΙΛΙΟΝ
ΦΙΛΩΝΙΔΗΝ
ΤΟΥ. ΓΑΛΑΤΑΡ
... ΟΥ. ΑΙΜΙΛΙΟΤ
ΣΤΑΤΟΡΙΑΝΟΥ.
ΤΙΟΝ. Η. ΠΑΤΡΙΣ
ΑΝΕΣΤΗΣΕΝ
ΥΠΟΜΝΗΜ....
ΠΑΣΗΣ. ΤΗΣ
ΠΕΡΙ. ΤΟΝ. ΒΙ
ΟΝ. Α.... ΤΗΣ.

ΑΓΑΘΗ. ΤΥΧΗΙ.
Η. ΜΗΤΡΟΠΟΛΙΣ
... ΙΟΥΛΙΔΝ
ΣΑΤΟΡΝΕΙΝΟΝ
ΤΟΝ. ΗΓΕΜΟΝΑ

studij voluntatem expertus sum. Mensem ergo in hac Vrbe moratus, patriam versus viam ingredior: in quo itinere Pomeraniam, Holsatiam, Westphaliam peragraui, quibus regionibus, quoniam sunt nobis vicinæ, & quotidie à nostratibus frequentantur, inhærere minimè necessarium existimo. Habes, mi Pater, vniuersam Itineris nostri Constantinopolitani serié, ad quod ingrediendum me non Myro aliqua Byzantia, vel Asiaticæ delitiæ, verum ipsius rei honestas, & ignota discendi cupiditas stimulârunt. Tu si aliquo modo hunc conatum meum tibi non displicere declaraueris, neque inutilem, neque infructuosam operam in eo collocasse videbor: sin minus, hoc tamen tibi, non obscurum (vti opinor) obseruantiæ in te meæ testimonium habebis. Lugduni Batauorum, CIƆIƆ. IIC. Kal. Augusti.

Nobilissima

Nobilissimo Viro
PETRO CEKLINIO
PRIMARIO SERENISS.
Polonorum Regis Secretario ꝛc.
GEORGIVS DOVSA
s. D.

ET Byzantinæ conuersationis nostra recordatio, tuíque politissimi ingenij admiratio, cuius dexteritate Trinummum Plauti nuper admodum Polonicè loquentem suspicere & admirari licuit, effecerunt, vt Inscriptiones has tuo nomini inscriberem. Qui enim sæpe Constantinopoli de huiusmodi rebus familiariter mecum loquebaris, sciebam te has Ἐπιγραφὰς non aspernaturum; quæ partim à me è monumentis antiquis erutæ, partim à Theodosio Zygomalâ in hoc studiorum genere haud tralatitiè versato in alijs Græciæ locis descriptæ sunt. Eas itaque amoris & beneuolentiæ meæ pignus boni consulas, & me, si mereo, amore, quo solebas, amare perges.

GEOR-

GEORGIO DOVSÆ
BYZANTIO REDVCI
Ἐγκώμιον.

SI quis cum fructu populos lustrauit & vrbes,
   Iuit & Eöos visere & Hesperios,
Si quis magnifico mactauit munere Belgas:
   Si bene quis Genio est vsus & Ingenio.
Ne viuam, nisi tu multis è millibus vnus
   Ille eris, ô animæ portio Dousa meæ.
Tu nos Hippodromos, Obeliscos, Septa, Colossos,
   Pegmata, Aquæductus, Balnea, Templa, Domus,
Marmora functorum, Cippos, incisáque Græcis
   Saxa notis, Moles, Pyramidesque doces.
Verùm ego quid tricor? quid multis dissero? Belgis
   Quod NOVA ROMA patet, muneris omne tui est.
Et dubitamus adhuc, num quis cum fœnore tanto
   Visit & Eöos, visit & Hesperios?

        P. SCRIVERIVS.

INSCRIPTIONES ANTIQVÆ.

```
Γ. ΙΟΤΛΙΟΝ. ΣΚΑΠΛΑΝ
ΤΠΑΤΟΝ. ΑΠΟΔΒΔΕΙ
ΓΜΕΝΟΝ. ΠΡΕΣΕ. Κ. ΑΝΤΙ
ΣΤΡΑΤΙΓΟΝ. ΑΤΤΟΚΡΑΤΟ
ΡΟΣ. ΤΡΑΓΑΝΟΤ
ΣΕΒΑΣΤΟ .·.· ΑΚ
ΔΟΣΑΡΧΙΣΤΟΝ
Κ·. ΑΤΤΟΚΡ .·.· ΑΙΛΙΟΤ
ΚΑΙΣΑΡΟΣ ΑΝ
ΘΤΠΑΤΟΝ ΜΟ
ΝΑ. ΛΕΓ. Α .·.· Α
ΤΙΓΟΝ. ΔΗ .·.· ΑΝ.
```

```
SOLIS. AESCVLA
PIO. ET. HYGI
AE. FL. MARCI
ANVS. >. LEG.
XIII. GEM. ET
LEG. XV. APOL
IVSSV. FORVM
        POSVIT.
```

```
IMP. CAESAR
M. AVRELLIO. ANTO
NINO. AVGVSTO
CAELICIVS
        FELIX.
```

```
ΑΝΕΙΚΗΤΙΟΙ
ΚΑΙ. ΜΑΧΙΜΟC
ΚΑΙ. ΜΤΡΤΙΛΟC
ΚΑΙ CΤΡΑΒωΝ
ΜΝΗΜΗC. ΧΑΡΙΝ
```

```
Ν. ΚΑΛΛΙC
ΤΟC. ΦΟΙ
ΒΙωΝΙΤω
ΜΝΗΜΗC. ΧΑ
ΡΙΝ. ΕΝΚΑ
ΤΑΛΓΕ ΕΤΑΙΡω
ΚΑΙ ΕΑΤΤω
```

D. M.

INSCRIPTIONES ANTIQVAE.

```
D. M.
FL. AVDACIS 7
LEG. I. ADIVTRIC
NAT. GERMANIO
VIXIT. ANNIS. L.
MENS. III. DIEBVS
IIN. IVLIVS. FORTV
NATVS. COLLEGA
ET. PROCVR. EIVS
AMICO. OPTIMO.
```

```
L. PETRONIVM
VERVM. LEG. AV
PR. PR. C. MV. COS
DESIG. TIV .·.·. VS
SELEVCVS. ET. SEPTI
MIVS. VALERIANVS
B. B. CORNICVLA
RI. EIVS. PRAESIDE
SANCTISSIMVM
H. C.
```

```
ΑΓΑΘΗΙ. ΤΥΧΗΙ..
ΠΑΠΕΙΡΙΟ
ΛΕΞΑΝΔΡΟΝ
ΑΡΧΙΕΡΕΑ. ΚΑΙ .·.·
ΤΟ. Β. ΓΡΩΤΟΝ
ϽΧΟΝΤΑ. ΚΑΙ. Τ
ΕΙΡΙΝΑΡΧΗΝ .·.·.
Σ. Μ̄ΡΟΠΟΛΕ .·.·.
Σ. ΑΝΚΥΡΑΣ
Α. ΙΔΙΑ. ΒΙΟΤ. ΙΕ.·.
Α. ΤΟΥ. ΔΙΟΝΥ .·.
ΟΥ. ΦΥΛΗ. ΕΔΙ.
```

```
ΘΕΟΙΣ. ΚΑΤΑΧΘΟΝΙ
ΟΙΣ. ΚΑΙ. ΚΑΠΙΤΩΝΙ
ΠΑΣΙΚΡΑΤΟΥΣ
ΑΝΔΡΙ. ΓΕΝΝΑΙΩ
ΚΑΙ. ΑΓΑΘΩ. ΠΟΤ
.·.·. ΔΙΟΣ. ΑΔΕΛΦΟΣ
ΑΥΤΟΥ. ΚΑΙ ΠΑΣΙ
ΚΡΑΤΗΣ. ΚΑΙ. ΜΗ
ΝΟΔΩΡΟΣ. ΥΙΟΙ
ΑΥΤΟΥ. ΠΕΡΗΝΟΙ
ΜΝΗΜΗ. ΤΗ. ΧΑ .·.·.
```

ΖΩΤΙ-

ΖΩΤΙΚΟΝ ΒΑΣΣΟΤ
ΑΝΔΡΑ ΑΓΑΘΟΝ ΤΟΝ
ΦΥΛΗΣ ΙΑ. ΦΥΛΑΡΧΗΣΑΝ
ΤΑ ΦΙΛΟΤΕΙΜΩΣ. ΚΑΙ
ΑΣΤΥΝΟΜΗΣΑΝΤΑ. Α
ΓΝΩΣ. Κ. ΕΡΓΟΝ. ΠΟΙΗ
ΣΑΝΤΑ. ΠΟΛΥΤΕΙΜΗΤΟΝ
ΕΝ. ΚΟΜΟΚΕΤΙΩ. ΕΚ. ΤΟΝ
ΙΔΙΩΝ. Κ·. ΚΑΘΗΜΕΡΑΝ
ΠΟΛΛΑ. ΠΑΡΕΧΟΝΤΑ Τ. ΦΥ
ΛΗ. ΤΕΙΜΗΘΕΝΤΑ ΕΝ
ΕΚΚΛΗΣΙΑΙΣ. Κ-. ΒΟΥΛΗ
ΦΥΛΗ. ΙΑ. ΝΕΑ. ΟΛΥΜΠΙΑ
ΕΠΙΜΕΛΟΥΜΕΝΩΝ .
ΒΑΣΣΟΤ. ΓΑΙΟΥ. Κ·. ΑΘΗΝΑΙΟΥ
ΣΕΝΤΑΜΟΥ. ΤΟΥ. ΤΟΠΟΥ
ΔΟΘΕΝΤΟΣ. ΥΠΟ. ΤΗΣ
ΛΑΜΠΡΟΤΑΤΗΣ. ΒΟΥΛΗΣ.

IMP. CAESARI. M.
AVRELLIO
ANTONINO IN.
VICTO AVGVSTO
PIO. FELICI
A. ELLYCINVSi V. E
DEVOTISSIMVS
NVMINI EIVS.

DIS MAINB.
L. LVCCiO. L. F. ROM.
SECVNDO. COMT +
M. VALERI. ITALI
LEG. AVG.

L. DIDIO

L. DIDIO. MARINO. V. E. PROC.
AVG. N. PROVINC. ARAB. PROC
GALATIAE. PROC FAM. GLAD.
PER. GALLIAS. BRET. HISPA
NIAS. GERMAN. E. TRATIAM
PROC. MINVCIAE. PROC. ALI
MENTORVM. PER. TRASPADVM
HISTRIAM. ET LIBVRIAM
PROC. VECTIGALIOR 7 POPVL
R 7 QVAE. SVNT. CITRA. PADVM
PROC. FAM. GLAD. PER ASI
AM. HY. GALAT. CAPPADOC.
LICIAM. PAMFYL. CILIC. CI
PRVM. PONTVM. PAELAG.
TRIB. CO. I. RE.∴. OR
MARIANVS. AVG 7 N. LIB 7
PF. XX
LIB 7. BI.∴. HYNIAE. PONTI
PAELAG.
   NVTRITOR. EIVS.

ΑΓΑΘΗΙ. ΤΥΧΗΙ.
Φ. ΑΙΛΙΑΝΟΝ. ΙΠΠΕΑ. ΡΩΜΑ
ΙΩΝ. ΚΑΙ ΚΑΛΛΙΣΤΗΝ. ΠΡΩ
ΤΗΝ. ΑΡΧΗΝ. ΑΡΖΑ∴ΤΑ. ΚΑΙ
ΠΟΛΕΙΤΟΓΡΑΦΗΣΑΝΤΑ
ΚΑΙ Τ. ΠΡΕΣΒΕΤΣΑΝΤΑ
ΠΑΡΑ: ΘΕΟΝ. ΑΝΤΩΝΕΙΝ
ΟΝ. ΚΑΙ. ΑΓΩΝΟΘΕΤΗΣΑΝ
ΤΑ. ΤΙΟΥ. ΤΟΥΤΕ. ΚΟΙΝΟΥ
ΤΩΝ ΓΑΛΑΤΩΝ. ΚΑΙ. Σ∴
ΤΩΝ. ΙΕΡΩΝ. ΑΓΩΝΩΝ. ΤΩΝ
ΜΕΓΑΛΟΑΣΚΛΗΠΙΕΙΩΝ
ΠΥΘΙΩΝ. Κ∴ ΑΡΧΙΕΡΕΑ
ΤΟΥ. ΚΟΙΝΟΥ. ΤΩΝ. ΓΑΛΑ
ΤΩΝ. ΓΑΛΑΤΑΡΧΗΝ. ΣΕ
ΒΑΣΤΟΦΑΝΤΗΝ
ΚΤΙΣΤΗΝ. ΤΗΣ. ΜΗΤΡΟ
ΠΟΛΕΩΣ. ΑΓΚΥΡΑΣ
ΦΥΛΗ

Inscriptiones Antiqvae.

ΓΑΙΝΟΝ ΙᴍΕΑ
ΡΩΜΑΙΩΝ. Κ·. ΒΤΗΝ
ΤΗΝ. ΥΡ.∴.∴. ΝΑΡΕΑΝΤΑ
ΠΟΛΙΤΟΓΡΑΦΗΣΑΝΤΑ. ΚΑΙ
ΠΡΕΣΒΕΥΣΑΝΤΑ. ΠΑΡΑ
ΑΠΑΝΤΩΝ ΕΘΝΩΝ. Κ. ΑΓΩ
ΝΟΘΕΤΗΣΑΝΤΑ. ΔΙΣ. ΤΟΥΤΕ
ΚΟΙΝΟΥ. ΤΟΝ ΓΑΛΑΤΩΝ. Κ.
ΔΙΣ. ΤΩΝ. ΙΕΡΩΝ. ΑΓΩΝΩΝ
ΤΩΝ ΜΕΓΑΛΩΝ. ΑΣΚΛΗΠΙ
ΤΙΩΝ. ΙΣΘ. ΠΤΘΙΩΝ. Κ. ΑΡΧΙ
ΕΡΕΑ. ΤΟΥ. ΚΟΙΝΟΥ. ΤΩΝ. ΓΑΛΑ
ΓΑΛΑΤΑΡΧΗΝ. ΣΕΒΑΣΤΟΦΑΝ
ΤΗΝ. Κ. ΚΤΙΣΤΗΝ.∴. ΗΣ ΜΗΤ
ΡΟΠΟΛΕΩΣ. ΑΝΚΥΡΑΣ. ΦΥΛΗ
ΕΟΝΕ ΠΑΣΙΠΡ
.∴.∴. ΕΡΓΕΤΗΝ. Κ. Π.

V. CN. POMPEIVS. PHILINVS.
POMPEIÆ. PHILVMENÆ
FILIÆ
ET SIBI

D.M.

Inscriptiones Antiquae.

```
      D. M.
  L. HENNIO. MAR
  LEG ·.·.·.·.·.·.·. QVI
  VIXIT. ANNIS. LXX
  ·.·.·.·.·.·.·. MEM ·.·.·.
  ORIAL. CAVS ·.·.·. S.
  HENNIVS. TERC.
  ET. HENNIVS. AEMIA
  NVS. LIB. EIVS.
  PATRONO. OPTIMO.
```

```
  ΤΙΒ. ΚΛΑΤΔΙΟ
  ΦΙΛΟCΤΟΡ
  ΓΟΝ. ΝΕΩΤΕ
  ΡΟΝ. ΦΤΛΗC
  ΙΕΡΑΒΟΤΛΑΙΑC
  ΚΑΤΑ ΑΝΑΓΟΡΕΤ
  ΣΙΝ. ΒΟΤΛΗΣ, ΚΑΙ
  ΔΗΜΟΤ. ΤΕΙΜΙ
  ΘΕΝΤΑ. ΠΟΛΛΑ
  ΚΙΣ. ΕΝ. ΕΚΚΛΗΣ
  ΙΑΙΣ. ΑΝΔΡΙΑΣ.
```

```
  Ε. Κ. Ι. ΑΝΔΡΩΝΕ
  ΙΕΡΟΠΟΙΙΩΝ. ΣΤΡΑ
  ΤΗΓΟΝ. ΟΥΡΒΑΝΟΝ. ΠΡΕ
  ΣΒΕΤΕΝ. ΛΕΓΙΩΝΟΣ
  Λ. ΟΥΛΠΙΑΣ. ΝΙΚΗΦΟ
  ΡΟΥ. ΕΠΙΜΕΛΗΤΗΝ. Ο
  ΔΟΥ. ΑΠΠΙΑΣ. ΥΠΑΤΟΥ
  ΠΡΕΣΒ. ΑΝΤΙΣΡΑΤΗ
  ΓΟΝ. ΣΥΡΙΑΣ. ΠΑΛΑΙ
  ΣΤΕΙΝΗΣ. ΤΡΕΒΙΟΣ
  ΚΟΚΚΗΙΟΣ. ΑΛΕΞΑΝ
  ΔΡΟΣ. ΤΟΝ. ΕΑΥΤΟΥ. ΕΥ
  ΕΡΓΕΤΗΝ.
```

ΑΤΦΙ.

100 INSCRIPTIONES ANTIQVAE.

ΑΥΦΙΔΙΟΝ,
ΟΥΛΙΑΝΟΝ
ΤΩΝ. ΚΡΑΤ
ΕΠΙΤΡΟΠΟΝ
ΤΩΝ. ΣΕΒΒ
ΜΑΞΙΜΕΙΝΟΣ
. . . .
ΤΟΝ. ΠΑΤΡΩ
ΝΑ. ΔΙΑ. ΠΑΝΤΑ
. . . .
ΤΟΝ ΚΡΑΤΟΚΙ

Γ. ΙΟΥΛΙΟΝ, Γ.
ΤΙΟΝ. ΦΛΑΒΙΑ. ΣΕΟΥ
ΗΡΩΝ ΓΕΝΟΜΕ
ΝΟΝ. ΠΡΩΤΟΝ. ΜΕΝ
ΠΕΝΤΕ Κ- ΔΕΚΑΝ
ΔΡΩΝ. ΤΩΝ. ΕΚΔΙΚΑ
ΣΟΝΤΩΝ. ΤΑ. ΠΡΑΓΜΑΤΑ
ΙΠΠΩ. ΔΗΜΟΣΙΩ. ΤΙ
ΜΙΘΕΝΤΑ. ΧΙΛΙΑΡΧΟ
ΛΕΓΙΩΝΟΣ. Δ. ΣΚΥ
ΘΙΚΗΣ. ΤΑΜΙΑΝ. ΚΑΙ.
ΔΙΑ. ΤΟΝ, ΔΗΜΑΡΧΟ
ΚΑΝΔΙΑ. ΤΟΝ. ΙΕΡΕ . . . .

ΦΥΛΗ. ΔΙ. ΕΡΜΗΝ. ΤΟΝ. ΕΝ. ΠΑCΙ
ΤΡΟωΝ. Κ-. ΦΙΛΟΤΕΙΜΟΝ. Κ-. Є
ΑΥΤΗC. ΕΥΕΡΓΕΤΗΝ. Κ-. ΠΛΟ
ΤΗCΤΗΝ
ΕΠΙΜΕΛΟΤΜΕΝωΝ. ΑΥΡ. ΑCΚΛΗ
ΠΙΑΔΟΥ. ΑΛΕΞΑΝΔΡΟΥ. ΑΡΧΙ
ΔΡΑΓΑΤΟΥ. ΚΑΙ. ΙΟΥΛΙΟΥ. ΑC
ΚΛΗΠΙΑΔΟΥ
ΤΟΝ ΕΑΥΤΗΣ
ΥΙΟΝ. ΕΤΕΙΜΗ
ΣΕΝ.

ΦΛΑ.

ΦΛΑ. ΓΛΥΚΕΡΩ. ΠΑΤΡΙ
ΚΑΙ. ΜΗΤΡΙ. ΙΘΑΚΗ. Φ
ΚΑΙ. ΦΛΑ. ΗΛΙΟΔΩΡΩ
ΤΩΙ. ΚΑΙ. ΣΑΡΜΩ. ΑΔΕΛ
ΦΩΙ. ΤΟΝ. ΒΩΜΟΝ. ΚΑΙ. ΤΟΝ
ΤΟΠΟΝ. ΕΚ. ΤΩΝ. ΙΔΙΩΝ
ΦΛΑ. ΕΠΑΦΡΟΔΕΙΤΟΣ
ΚΑΙ. ΕΝ. ΤΩ. ΚΑΙ. ΤΟΙ
    ΧΑΡΙΝ.

Μ. ΑΥΡ. ΔΙΟΝΥΣΙΟΝ. ΓΛΥΚΥ
   ΤΑΤΟΝ
Μ. ΑΥΡ. ΣΤΑΤΩΡΙΑΝΟΣ. ΤΟΝ
ΑΔΕΛΦΙΔΟΥΝ.

Η. ΒΟΥΛΗ. ΚΑΙ. Ο. ΔΗΜΟΣ
ΣΕΒΑΣΤΗΝΩΝ
ΤΕΚΤΟΣΑΓΩΝ
ΕΤΙΜΙΣΕΝ. Μ
ΚΟΚΚΗΙΟΝ
ΑΛΕΞΑΝΔΡΟΝ. ΤΟΝ
ΕΑΥΤΩΝ. ΠΟΛΙΤΗΝ
ΑΝΔΡΑ ΣΕΜΝΟΝ. ΚΑΙ. ΤΗ
ΤΩΝ. ΗΘΩΝ.-ΚΟΣΜΙΟΤΗΤΙ
  ΔΟΚΙΜΩΤΑ
   ΤΟΝ.

INSCRIPTIONES ANTIQVAE

```
      ΑΓΑΘΗΙ. ΤΥΧΗΙ
ΑΥΦΙΔΙΟΝ.
ΙΟΥΛΙΑΝΟΝ.
ΤΟΝ. ΚΡΑΤ. ΕΠΙΤΡΟ
ΠΟΝ. ΤΩΝ. ΣΕΒΒ
ΤΟΝ. ΕΝ. ΠΑΣΙ. ΑΓΝΟΝ
Κ. ΔΙΚΑΙΟΝ. Κ. ΠΑΣΗ
ΑΡΕΤΗ. ΚΕΚΟΣΜΗ
        ΜΕΝΟΝ
ΕΥΥΤΧΙΔΗΣ. ΣΕΒΒ
ΑΠΕΛΕΥΘ. ΤΑΒΟΥ
ΛΑΡΙΟΣ. ΤΟΝ. ΕΑΥΤΟΥ
ΠΑ ΡΟΝΑ. Κ. ΕΝ. ΠΑΣΙΝ
ΕΥΕΡΓΕΤΗΝ
```

```
ΤΥΜΒΟΝ.
ΚΑΙ. ΒΩΜΟΝ
ΜΕΛΕΑΓΡΩ
ΕΝΘΑΔΕ. ΤΕΞΑΝ
ΚΥΡΙΑ. ΚΕΙΜΑΙ)
ΤΟΥΔΕ. ΠΑΡΟΣ
ΠΡΟΓΗΓΩΣΑ. ΣΥΝΕΥ
ΝΟΣ. ΥΙΟΙ. ΔΗΜΑΓΝΟΣ
ΚΛΕΟΝΕΙΚΟΣ. ΓΛΥΚΥ
ΤΑΤΩ. ΓΕΝ . ΤΗ. ΜΝ
ΜΟΣΤΝΟΙΟ. ΧΑΡΙΝ.
```

ΣΕΚΟΥΝ.

INSCRIPTIONES ANTIQVAE. 103

ΣΕΚΟΤΝΔΟΤ ΕΠΙΜΕ
ΛΟΤΜΕΝωΝ.
ΠΟΝΤΙΚΟC ΑCΚΛΗΠΙΟΤ
ΔΙC. ΦΤΛΑΡΧΗC. ΦΤΛΗC. Ν
ΑΤΗ. ΑCΤΤΝΟμΗCΑC. ΙΡΑ
CΑΜΕΝΟC. ΤΗ. ΠΑΤΡΙΔΙ. ΒΟ.
. . . .
ΑΈ . . . ΤΟΝ. ΠΡΟΓΟΝΗΚΟΝ
ΒωΜΟΝ. ΕCΚΕΤΑCΕΝ
ΧΑΙΡΕ ΠΑΡΟΔΕΙΤΑ

ΚΛ. ΑΙΜΙΛΙΟΝ
ΦΙΛΩΝΙΔΗΝ
ΤΟΤ. ΓΑΛΑΤΑΡ
. . . ΟΤ. ΑΙΜΙΛΙΟΤ
ΣΤΑΤΟΡΙΑΝΟΤ.
ΤΙΟΝ. Η. ΠΑΤΡΙΣ
ΑΝΕΣΤΗΣΕΝ
ΤΠΟΜΝΗΜ . . .
ΠΑΣΗΣ. ΤΗΣ
ΠΕΡΙ. ΤΟΝ. ΒΙ
ΟΝ. Α . . . ΤΗΣ.

ΑΓΑΘΗ. ΤΤΧΗΙ.
Η. ΜΗΤΡΟΠΟΛΙΣ
ΙΟΤΛΙΩΝ
ΣΑΤΟΡΝΕΙΝΩΝ
ΤΩΝ. ΗΓΕΜΟΝΑ

G 4   Ἐν τῇ

Ἐν τῇ πολιτείᾳ ΒΑΡΝΗ ἐπὶς
τῆ Μεσοπόλεως.

Ἔδοξε τῇ βυλῇ ϗ τῷ δήμῳ, Κερπαθέ-
νης Ζωΐλυ εἶπεν, Ἐπειδὴ Ἑρμείας Ἀσκλη-
πιοδώρυ Ἀντιοχεὺς διατρίβων παρὰ βασιλεῖ
Σκυθῶν γκαν ίτα ἔυνυν ϗ προθυμον ἑαυτὸν
τῷ δήμῳ διατελεῖ ·.·.·. ϗ ἰδίᾳ τοῖς ἐν τυγ-
χάνυσιν αὐτῷ τῶν πολιτῶν συμπαρίσα]
σπυδῆς ὑθὲν ἐπιλείπων ἐν πᾶσι τοῖς ἀξιω-
μυίοις, δεδόχθαι τῇ βυλῇ ϗ τῷ δήμῳ δε-
δόαν αὐτῷ ϗ ἐκγόνοις προξενίαν, πολι-
τείαν, προεδρίαν, ἀτέλειαν χρημάτων παν-
των, ὧν ἂν εἰσάγωσι ϗ ἐξάγωσι ἐπὶ κλήσει.
ϗ ἐγλείων ἔγκτησιν ϗ δίκας προδίκας. ϗ
εἴσπλυν ϗ ἔκπλυν ϗ πολέμυ ϗ εἰρήνης
ἀσυλεὶ ϗ ἀσπονδεὶ ἶναι ἢ αὐτοῖς ἔφοδον
ἐπὶ τὼ βυλιὼ ϗ τὸν δῆμον πρώτοις μετὰ
τὰ ἱερά. τὸν ἢ ἱεροποιὸν ἀναγράψαι τὸ
ψήφισμα τῦτο εἰς τελαμῶνα. ϗ θεῖναι
εἰς τὸ ἱερόν.

Ἐν τῷ

INSCRIPTIONES ANTIQVAE. 105

Ἐν τῷ ἁγίῳ Γρηγορίῳ τ̅ Νικομηδείας,
ἐν ᾧ Ξαμψὴν τὸ φρέαρ ἐς.

ΝΙΚΩΝ. ΚΑΙ. ΧΑΡΙC. ΝΙΚΩΝΙ. ΤΩ. ΤΙΩ
ΖΗCΑΝΤΙ. ΕΤΕΑ. Γ. ΜΗΝΑC. ΙΑ. ΧΑΙΡΕΤΕ.

Ἐν τῇ ἐπισκοπῇ Κίζου.

Κάσιος Σέκυνδος Ἀβία Μαξίμα τῇ
ἑαυτῆς ἀνδρα Νεώχαριν.

Ἐν τῇ ἐπαρχίᾳ τοῦ Πέρας πλησίον ᾧ Θεσσαλονίκης ἐν
χώρα Κωντυριάπασα καλημδύη, ὅτου ἦν ἡ ποτὲ
πόλις Παυρίπον.

Ἐπαφρᾶς Ζωσίμῃ τῇ ἰδίᾳ συμβίῳ
μνείας χάριν τῇ γλυκείᾳ.

σκϛ΄.

Μοῖραι καὶ λήθη με κατήγαγον εἰς Ἀΐδαο
οὔπω νυμφείου θαλάμου καὶ παστάδος ὥρης.
Γάσαμβυσι. ἀσυγῆς δ' ἔλιπον φάος ἠελίοιο.

σκζ΄.

Εὐτυχὴς Σερβωνίκῃ τῇ συμβίῳ ἑαυτῷ κυ-
ρίᾳ μνείας χάριν. ἔτους ΖϹ.

σκή.

Τιτία Φλαουία Ἐπιφανία Αὐρηλίῳ
Ὀλυμπιονίκῳ καὶ τὰ τέκνα αὐτοῦ ἐκ τοῦ
ἐκείνου, μνείας χάριν.

Ἐν τῇ ἐκκλησίᾳ τοῦ Διδασκάλου.

Οὔλπιος Ἐπίκτητος Εὐτυχιανῇ τῇ γλυκυτάτῃ συμβίῳ μνήμης χάριν. εὐτυχεῖτε. χαίρετε.

Αὐρηλία Ἀρτεμιδώρα ζῶσα τὸν τάφον τέθεικα ἐκ κοινῶν καμάτων αὐτῇ τε καὶ τῷ φιλίῳ ἀνδρὶ Ῥουφίνῳ Δημητρίῳ, ζήσα τέσσαρα καὶ ἐννέα μῆνας. Κεῖσαι ἐν κοινῷ τάφῳ ἄξιος ἧς ἐγὼ σοφίας.

Εἰ δὲ ὁ κληρονόμος ὁ ἐμὸς παραπέμψῃ τι τούτων, δώσει τῷ ταμιείῳ πρόστιμον * ψ ν.

Ἐξ ἀσεβοῦς Εὐξένιος Διονυσᾶς Διονυσοδώρῳ τῷ τέκνῳ μνείας χάριν.

Ἔρως Λογγίνα τῇ γλυκυτάτῃ συμβίῳ καὶ Πολυχάρμῳ Μνείας χάριν.

Οὔλπιος Ἀγαθόμορος χρηστῇ τῇ συμβίῳ χρηστὸν βίον βραχὺν ἰδοῦσα, ἐνθάδε κοσμήσαι λίθῳ μνείας χάριν.

LECTORI

LECTORI BENEVOLO.

ABSOLVTA tandem hac Inscriptionum farragine, visum est Epistolas quasdam ad iter meum pertinentes huc adducere, cùm ob stili elegantiam, tum ut libellus, qui alioqui breuiusculus videretur, paulo maiusculus esset. Etsi autem Epistola illa Meletij ad Patrem meum Consolatoria secundo iam typis excusa prodiit: tamen cùm exemplaria nulla amplius exstent, & facile inter schedas seorsum ita edita perire possit, facturum me operæpretium putaui, si & illi Epistolæ, (FRANCISCO inuidiá rumpantur ut ilia COSTRO) in hoc libello locum darem. Antequam vero illam cum reliquis exhibeam, ipsius Meletij vitam, prout in Epistola mei Itineris Græcè legitur, hoc loco Latinè lectitandam proponere volui; quæ sic habet.

MELE-

MELETIVS cognomento Pegas vſque in hodiernum diem Patriarcha Alexandrinus, ex Cretâ antiquâ illâ & centum vrbibus inclytâ originem ducens, præclaris parentibus, & qui virtutis inter ciues primas obtinebant, prognatus eſt. Ab ineunte ætate viris ſapientibus in diſciplinam traditus, cùm virtutibus ſcateret, nullo præcunte magiſtro ſuam vitam excoluit. Cùm adhuc puer eſſet, ingenio ſimpliciore, attamen naturâ erat induſtrius, & ad docendum, negotiaque ciuilia voluntariè ferebatur. Nam vacationis tempore orationes meditabatur & componebat, quæ præter doctrinam diuinum etiam ingenium oſtendebant. Fortunæ verò inuidiâ puer in tanta ignis, aquarum, præcipitiorum incidit pericula, vt ſæpe parû abfuerit quin interiret. Cùm autem puerilibus diſciplinis ſatis imbutus eſſe videretur, Italiam petiit, inibíque Patauij commoratus, cùm artes omnes cum vtrâque linguâ percepiſſet,

vehemen-

vehementius ad maiora capeſſenda excitatus eſt. Auſus vero generis ſui nobilitatem, ſpendorem, diuitias varias, affinitatem, amicos, domeſticos, omniaque quæ homines in deliciis habent, contemnere, vitam ſolitariam amplexus eſt. Cùm autem exiguum in habitu monaſtico tempus exegiſſet, multa, vt hominibus Græcis probè cognitum eſt, cum laude effecit. Sed verò non tam à Senioribus, quam Sancto illo Alexandriæ Patriarcha *Silueſtro coactus, ad dignitatem Sacerdotalem euectus eſt. Antequam autem Sacerdos deſignaretur, lumen quoddam ſuper illum ſplendens à reliquis viſum eſt, quod virum Sacerdotali munere non indignum eſſe teſtabatur. Longum eſſet commemorare, quot, cùm iam electus eſſet, virtutibus & exemplis in vitâ ſuâ enituerit, quot labores exantlauerit, quibus & nunc non minus, Euangelium in mediâ Ægypto Arabicè prædicans, occupatur.

cupatur. Elegit itaque cum Deus Paſtorem minime fucatum. Cùm autem Beatus Siluester obdormiuiſſet, Sanctæ Alexandrinorum Eccleſiæ, omni populo cogente, præfectus eſt: & in hodiernum vſque diem, boni Paſtoris munere fungens, illam Eccleſiam gubernat. Eius vero iuſſis & placitis (abſit dicto inuidia, nam verum eſt) non ſolùm Ægyptus, ſed & Thracia,, imò vniuerſa etiam Græcia obedientiam præſtare parata eſt. Ne autem quibuſdam colores mendaces ſectari, & abſolutam huius viri effigiem exhibere velle videar, cùm & alibi exactius de eo ſcriptum ſit, finem huic narrationi impono. Plurimos ipſe libros conſcripſit: verùm nihil in lucem edidit, exceptis doctiſſimâ contra Iudæos Græcâ pariter & Rutenicâ diſputatione; & hoc Dialogo, quem ad ſtudioſorum vtilitatem conſcripſit; maxime vero eorum, qui indocis & vrbibus commorantur, quæ præcipuè variis & perniciofis opinionibus infeſtan-

infestantur, à quibus nos, qui sanctæ, Catholicæ & Apostolicæ Orientalis Ecclesiæ iussa, placitaque sectamur, Iesus Christus liberet & custodiat, cui vna cum Patre æterno & spiritu viuificante gloria & potentia sæculis infinitis, amen.

MELE-

MELETIVS
Dei misericordia
PAPA AC PATRIARCHA
Alexandrinus &c. Constantinopoleós Præ-
ses; Ioanni Douſæ Nordouici, viro eruditiſ-
ſimo, mediocritatis noſtræ filio dilecto gra-
tiam, misericordiam ac pacem à Domino Deo,
Saluatoréque noſtro Ieſu Chriſto.

HABENT nonnihil consolationis humanarum rerum calamitates; quùm enim ad has nos detruserit terreni elatio parentis; illam nostros miseratus labores cœlestis elargitur Pater: atque hæc quidem harmonia è grauibus acutiſque concinnata, fit piis auribus modulamen quoddam salutare: dum perpendunt grauitatem malorum pœnam esse aut παιδείαν nostrorum, id est humanorum, meritorum, decentissimam: quicquid autem leue, id est lætum est, Diuinæ esse gratiæ monumentum, abysso ab imo
perditio-

perditionis, atque è faucibus Orci ad
ſeſe pios animos retrahentis. Sic la-
pſam, ſic labilem, ſic oportuit huma-
nam naturam erudiri: non modo vt ag-
noſceret quid ſibi, quid Diuinæ gratiæ
deberet, ſed etiam vti diſceret non ſibi,
neque rebus his caducis inhiandum,
ſed ſpem, fidemque omnem, ſeſeque
totam in cæleſtis fauoris reclinandam
ſinus optatiſſimos, cui omnibus in rebus cenſet Paulus gratias agendas. ni-
hilo enim minus per acerbiores, quam
per lætiores rerum euentus nos ſibi al-
licit ſummus ille Pater hominum, re-
rumque conditor, tametſi illas alie-
nâ culpâ conuictas, ſuâ prouidentiâ
ad meliores vſus conuertat: has, ipſe
pariat tum futurarum ἐπαγγελιῶν præco-
nia, tum præſentium qualiacunque ſo-
latia malorum. Sed hæc tuáne inter-
ſint, an aliena ſint penitus à tuo de filij
optimi obitu dolore, ipſe (quâ prædi-
tus es prudentiâ) iudicabis: nobis quidem omni ex parte quam apprimè con-
H ueniunt:

ueniunt : Quippe qui quùm in hac verfemur teſſerâ humanæ conditionis, maioremque, atque fortaſſis potiorem vitæ partem traduxerimus, tandemque ſedes illas eccleſiarum quæ per orbem terrarum maximæ, atque ſupremæ ſunt, Dei Optim. Maxim. miſericordiâ concreditas nobis, quàm maximâ animi ſollicitudine, magnis laboribus, ingenti periculorum æſtu, in hac locorum ſentinâ, in hac colluuie temporum, ad hanc vſque diem magna omnium admiratione (præterquàm noſtra) adminiſtrauerimus, dum his tempeſtatum tricymiis penè ſoli conflictamur ſemiobruti, fit tamen vt nonnunquam peregrinorum hominum colloquiis animus, curis æſtuans, laboribus confectus (corporis prætereo valetudinem aduerſamquæ animos infeſtat) fit tamen vt peregrinorum hominum colloquiis nonnullâ ex parte refocilletur : nec me deterret à quorumuis hominum præ-
ſertim

sertim Christianorum colloquiis, aut
etiam literis, diuersitas religionis. aut
enim sequestratis quæstionum, curio-
sarum præsertim, ambagibus, per
charitatis sparia vagamur; aut de his
etiam de quibus dissentimus, non sine
charitate disserimus. Horum omnium
testem atque participem esse voluit
Deus Optim. Maxim. Georgium filium
tuum, cuius nobis aduentus consola-
tionem attulit non vulgarem; est enim
iuuenis generosæ indolis, nihiloque à
Patre te, viro & ingenio & eruditione
pereleganti, degeneris, adde mores can-
didos, progressusque in literarum sta-
dio non contemnendos: is secum attu-
lerat literas cruditissimi hominis Simonis Simonidis, quibus iuuenem com-
mendabat: erant hæ altera consolationis mihi pars: his omnibus accedebat
autoritas grauissima Illustrissimi Oratoris Angli: Eduardum dico, humanitate, eruditione, rerum experientiâ politicarum verè illustrissimum, filium

H 2 nostræ

noſtræ mediocritatis multis nominibus dilectiſſimum, per quem apud nos iuuenis commendabatur: vt cùm ad has oras non inerti animi ſtudio peragrandas acceſſerit;darem operam vt aliquid dignum laboribus ſuis; dignum Patre, dignum Patriâ nanciſceretur. Has ob res opellam noſtram optimè merito iuueni polliciti ſumus, atque eò quidem libentiùs quòd videbamus vrbes hominum atque mores (id quod de prudenti viro cecinit ille) non inanis gloriæ ſtudio perſpiciendas aggreſſum iuuenem, ſed ad prudentiam comparandam. Quam ad rem ſi quid illi noſtra contulit opera, neſcio: hoc vnum ſcio quod iuuenem amauimus, ſemperque libentiſſimè ſumus alloquuti neque impedimento nobis fuit, aut hominum, aut rerum nonnunquam ingens prægrauiſque conglomeratio: quin illi, & accedere, & aſſidere, & ſciſcitari, & conſequi quicquid petierit, quam facillimè licuerit; tandemque cùm ad te reverti

verti cogeretur accitus, remque nobis, qua solebat fiducia, veluti ad Patrem referret ; literasque tuas penè lacrymis madidas oftenderet (quùm etiam tuorum poëmatum copiam fecit non inelegantûm) peteretque vt aliquid reliquiarum impartiremur, ne iuuené ornatiſſimum ad ornatiſſimum patrem ἀγέραςον pateremur reuerti ; dono dedimus id quod efflagitauit opus perelegans Actuarij, medicis in rebus non poſtremum obtinentis locum. Quod ego opus magno confequutus orbi communicare deſtinâram : lætorque hanc noſtri ſummam deſiderij & vobis futuram ornamento, & amoris noſtri argumentum, & ad vtilitatem ſtudioſorum prodituram : Quod vt quàm emendatiſſimum prodeat cupimus, præſtantiſsimi medici, atque eloquentiſsimi opus. Reliquum eſt vt hæc vos amoris pignora rependatis aliquibus identidem amoris pignoribus ; non gemmis, non auro, perditorum hominum deliciis.

ciis. sed libris, quos typis apud vos multo atque laudabili foenore pepererit Christiana charitas, cuius fructibus ij maximè carent, qui sese Aristarchos Censorésque terrarũ orbis haberi contendunt: indéque Magisterium suum auspicantur, in hocque intendunt, in hoc se exercent vt in homines fratres minimè fraternis animis insultét: quumque calamitates hominum hominibus soleant ac debeant nonnihil incutere miserationis, illi contrà de miseriis hominum triumphant.

O cæcas hominum mentes, ò pectora cæca! Filius Dei sese ipsum sua illa maiestate exinaniuit dum saluti consulere hominum contendit: nos nescio quæ imperia extruimus in perniciem, & cum pernicie hominum; &haberi volumus pro Christo, illo cuius studiis nostra studia δἰς διὰ πασῶν dissonare deprehenduntur. Quòd si in causas inquiras huiusce in nos, nescio quid aliud dicam quàm id quod res est, odij, in nos Græcos dico, cos dico, id est, Orientalis Ecclesiæ alumnos, quòd veterum Patrum dogmata,traditiones,iussa,placita,decreta sectamur, nihil inuenies aliud quàm id ipsum, quòd Patrum incontaminata dogmata, traditionesque obseruantes nullis nullorum hominum nouitatibus καινοτομίαις falsis, fallacibusque doctrinis abduci patimur ab iis decretis quæ septem tota Concilia vniuersalia (vt Prouincialia prætercam) sanxerunt. Symbolum quod à primo Niceno concilio confectum secunda compleuit Synodos, accuratissime spiritus sancti explicato articulo, inuiolatum conseruamus. Athanasio falsò adscriptum symbolum, cum appendice illa Romanorum Pontificum adulteratum, luce lucidius contestamur. Romanum Pontificem, Romanum agnoscimus Pontificem. Christum vnum vniuersalis Ecclesiæ vniuersale caput cum Paulo prædicamus. eundem esse lapidem illum angularem ακρογωνιαίον, in quo construendam

H 4 esse

esse Ecclesiam ipse dixit, ipsum ex ipsius verbis agnoscimus. ἐ ἐπὶ ταύτῃ, namque ait, ᾗ πέτρᾳ (ἰδ'ἰ πέρα Paulus dicit ἦν ὁ χριστὸς) neque enim in te Petro, sed in me (vt vigilantissimè diligentissimus notat Augustinus) ædificabo dicit Ecclesiam meam. Hæc quùm ita credamus, nescio quamobrem audeant nonnulli (id quod satis impiè fecit Sanderus) Ecclesiā Orientalem cum Diaboli ecclesia (ò scelus infandum!) coniugare. Ita sunt animis parum Chistianis quæcunque non faciunt ad palatum, quæcunque non arrident, impia, ab sinuque Dei eiicienda, ab Ecclesia proscribenda, ferro flammisque profliganda. Sed de hisce rebus satis sit, ne etiam literæ quas ad amicos scribimus aliquo officio exhilarandos, ac dulcorandos, recordatione nostrarum ærumnarum aliqua ex parte conturbent. Deus Opt. Max. tandem aliquando extinguat malarum cupiditatum ab animis hominum hæc incendia, dissidiorumque Ecclesiæ tenebras disiiciat:

difiiciat:nofque omnes nobis ipfis ereptos afflatu Diuini fpiritus fibi arctiffimè coniungat. nec diutius patiatur diffidere homines, ad quos cùm inter fe mutuò, tum fibi pariter vniendos filium fuum è cælorum maieftate, ad terrarum infimas oras defcendere voluit. Optimè valeas. Conftantinopoli x. Kalend. Nouemb⁻ anno mundi 7ᵐᵒ 9ᵐᵒ.vɪⁱᵒ. Salutis M. D. xcvɪɪ.

Meletius Patriarcha.

esse Ecclesiam ipse dixit, ipsum ex ipsius verbis agnoscimus. ἐ ἐπὶ ταύτῃ, namque ait, ἢ πέτραν (ἰδ'ὶ πέςα Paulus dicit ἦν ὁ χριςὸς) neque enim in te Petro, sed in me (vt vigilantissimè diligentissimus notat Augustinus) ædificabo dicit Ecclesiam meam. Hæc quùm ita credamus, nescio quamobrem audeant nonnulli (id quod satis impiè fecit Sanderus) Ecclesiā Orientalem cum Diaboli ecclesia (ò scelus infandum!) coniugare. Ita sunt animis parum Chistianis quæcunque non faciunt ad palatum, quæcunque non arrident, impia, ab sinuque Dei eiicienda, ab Ecclesia proscribenda, ferro flammisque profliganda. Sed de hisce rebus satis sit, ne etiam literæ quas ad amicos scribimus aliquo officio exhilarandos, ac dulcorandos, recordatione nostrarum ærumnarum aliqua ex parte conturbent. Deus Opt. Max. tandem aliquando extinguat malarum cupiditatum ab animis hominum hæc incendia, dissidiorumque Ecclesiæ tenebras dissiciat:

difficiat: nosque omnes nobis ipsis ereptos afflatu Diuini spiritus sibi arctissimè coniungat. nec diutius patiatur dissidere homines, ad quos cùm inter se mutuò, tum sibi pariter vniendos filium suum è caelorum maiestate, ad terrarum infimas oras descendere voluit. Optimè valeas. Constantinopoli x. Kalend. Nouemb" anno mundi 7mo 9mo.vi^{o}. Salutis M. D. xcvii.

Meletius Patriarcha.

H 5   MEΛE-

ΜΕΛΕΤΙΟΣ
ἐλέῳ Θεοῦ

ΠΑΠΑΣ ΚΑΙ ΠΑΤΡΙΑΡΧΗΣ τῆς μεγάλης πόλεως Ἀλεξανδρείας, Κριτὴς τε τῆς οἰκυμένης, & Ἐπιτηρητὴς Κωνςαντίνε πόλεως,

Γεωργίῳ Δοῦζη Νορδβίκῳ τῷ Ἰωάννε, υἱῷ ἐν Κυρίῳ ἀγαπητῷ, χάριν, ἔλεος κὴ εἰρήνην ωδρὰ τῷ Κυρίε καὶ Θεῦ καὶ Σωτῆρος ἡμῶν Ἰησοῦ Χριςοῦ.

Παρέχομεν ὃν τῇ φιλοκαγαθίᾳ (Γεώργιε τέκνον) τὰ Ἀκλααρία προθυμότερον ἧπερ ἐζήτεις. εἴγε θερμοτέρας δεῖται προαιρέσεως τὸ διδόναι, ἢ τὸ λαβεῖν. ἐφ' ᾧ καὶ μακαριώτερον τῦτο ταῖς θείαις ἐκεῖνο κέκειται γραφαῖς. ἀλλά ὃι & τῦδε μεταχεῖν ἐξέςαι τῷ κλέοις τῆς μεταδόσεως, εἴγε σπουδάσῃς κοινῶσαι τὴν βίβλον τοῖς χρήζουσι, χρώμψος τῶν τύπων ταῖς διεργίαις, ὀργάνῳ τῆς διαδόσεως. & ἡμᾶς γ' αὐτὺς

τὰς σοὶ διδόντας ὑπογραμμὸν ἐξῃτησά-
μϵνος, παρ' ὧν ἔλαβες ῥᾳδίως, ὁ μετα-
δῦναι δυνηθείσῃ πλουσίως. ἐκεῖνο δήπου
μὴ ἀγνοῶν, ὡς ἐπὶ τοῖς φθάσασιν εὐγνω-
μοσύνη, μελλουσῶν γίνεται προκατα-
σκευή τις διεργεσιῶν. χρήσε͂ ἐν Φι λήψεως
ὑπόθεσις ἡ τῶν ληφθέντων μετάδοσις. εὔ-
φορον Γεώργιε γίνου γεώργιον. ὥςτε ἐκ τῆς παρὰ
Θεοῦ εὐλογίας (κατὰ Παῦλον) μεταλάβῃς.
ἐν ᾗ χάρις μετὰ σοῦ.

Ἐν Κωνσταντίνου πόλει πυκνεψιῶνος
λά. ἔ ζ ρ ζ ἔτους κοσμογονίας:

        Μελέτιος Πατριάρχης.

MELE-

MELETIVS

Dei misericordia

PAPA AC PATRIARCHA magnæ ciuitatis Alexandriæ, Iudexóue terrarum orbis, Constantinopoleôs Præses,

Georgio Douſæ Ioannis Nordouici, filio in Domino dilecto, gratiam, miſericordiam ac pacem à Domino Deo, Saluatoréque noſtro Ieſu Christo.

EXHIBEMVS tuæ humanitati (Georgi fili) Actuarij opera, promtiore animo, quam volebas; gnari magis dandis, quam accipiendis beneficiis amicitias parari oportere: quod & Sacræ literæ nobis instillant. Sed & tibi huius laudis licebit esse participi, si editionis organo, beneficio videlicet typorum vſus, publici iuris facere librum studueris, & me datorem tibi propoſueris, à quo facillime obtinuisti, quod cum
fœnore

fœnore aliis tradere poteris. illud videlicet non ignorans, gratitudinem animi
precedentem, futurorum beneficiorum
præparationem exiftere. Acceptorum
itaque communicatio, occafionem tibi
alias plura accipiendi præbebit. Ferti-
lis Georgi fit tua agricolatio, vt & bene-
dictionis Diuinæ (fecundùm Paulum)
particeps fias, cuius gratiam tibi precor.
Conftantinopoli, Pr. Cal. Nouembr.
anno mundi 7.mo.9.mo vi.^{o}

Meletius Patriarcha.

Exemplum

Exemplum Epistolæ (cuius in literis Patriarchæ expressa mentio) ad eundem Georgium à Patre transmissæ, cum hac inscriptione:

Optimæ spei iuueni GEORGIO DOVSAE, *filio vnicè dilecto, Constantinopolim;*

IANVS DOVSA Pater
GEORGIO FILIO S. dico:

TANTI *penè fuit Scythicas calcare pruinas,*
  Sarmaticas tanti sub Ioue ferre niues:
Fraterni vt luctus agere & fulminis expers,
  Quo mea penè solo corruit icta domus.
Me miserum! fuit ille mihi, mea gaudia, IANVS;
  Sospite quo nobis viuere dulce fuit.
Nunc desiderium, cui par nequeo esse, relictum
  Est mihi: funestum cætera marmor habet.
Nempe iacet nostra fulcimen grande senectæ.
  Heu! cur non eadem nos quoque terra tegit?

Hæc in maximo meo ac parentis tuæ, insolabiliter se afflictantis mærore ac luctu, profudi verius quàm scripsi. Eò dico,

dico, ne mireris, quod scribendi officio
vsque adhuc defuerim : teq́. tam feralis
nuntij tanto tempore expertem habue-
rim. Obiit quidē ille xiɪ.Kal.Ian.maxi-
mâ nobis omnibus frustratione iniectâ
cùm morbū suum sedulò dissimularet,
Spem vultu simulans, intestinumque dolorem
Alto corde premens.
Et ille quidem conscientiâ suâ beatus,ac
meliore sui parte Olympi sedibus receptus; nos miseri, quibus exstincto illo
vita inuisa atque acerba. Reliqui vos
estis, hoc est, octo etiamnum mihi libe-
ri sospites ac superstites, in quibus tu familiam ducis, vtpote iam natu maximus. Proinde quam personam tibi fati,
an fortunæ necessitas imposuerit, vides.
quam pro dignitate aliquando sustine-
re vt possis, id verò mihi in votis est primum. Cuius equidem rei iam anteà
certiorem facturus te fueram, si modo
de loco mihi, vbi id téporis statiua ha-
bebas, compertum aliquid vel explora-
tum habuissem. Fecisti tu quidem sedulò.

dulò vt nos de instituto tuo ac totâ itineris ratione certiores redderes, primùm per literas interpretes, quas anno superiore, v 1. videlicet Augusti, Cracouiâ ad me dederas, eodem exemplo ternas, accuratissime scriptas, ac diuersis itineribus missas directasque, quas omnes pariter diuersis temporibus accepi. Cæterùm cùm earumdem lectio incertum planè me reddidisset, vbinam locorum aut gentium literæ te meæ perturæ essent, superuacuo scribendi labori supersedendum mihi existimaui. Nunc cùm ex postremis tuis xiii. Decembr. Leopoli ad nos datis intellexerim, quæ remeligines peregrinationis tuæ cursum hactenus interruperint, ac Legati Polonici discessum remoratæ fuerint, diutius mihi mussitandum non putaui. Itaque habe scias, magnam me leuamenti partem eius doloris, quem ex fratris tui obitu maximum inhercule ac grauissimum conceperam, ex literarum tuarum lectione consequutum. in quibus illud bus illud longe acceptissimum de Interpretis illius Polonici, natione Armenij, doctrinâ ac virtutibus quod scribis. Nescis, mi fili, quantâ cum animi voluptate illam Epistolæ tuæ particulam legendo ruminauerim, vbi non modo tanti viri fauentiam vltrò tibi oblatam gloriaris ac prædicas: verùm etiam incomparabilis viri SIMONIS SIMONIDIS beneuolentiæ fores iampridem patefactas aditum tibi porrò ad doctissimi illius ac disertissimi Interpretis amicitiam conciliasse. Macte istâ industriæ indole; Macte tantorum virorum fauentiâ, quam quidem ego pluris æstimo,

Quàm si me liquidus Fortunæ riuus inauret.
Et verò vtrumque meis literis audacter compellaturus fueram, si per negotia Reip. licuisset, ac gratias vtriusque nostrum nomine acturus. Meritò vtique ac lubens. Nunc cessator esse cogor, ac commodiori tempori hoc scribendi officium reseruare. præsertim ad SIMO-
NEM

nem Simonidem, quem virum ego iampridem ex scriptis editis Ælinopæane puta, atque Odis Pindaricis, tum Ioëlis Paraphrasi illâ Poëticâ multò quæsitissimâ, procul dissitus licet, & veneratus sum & admiratus. O eximium illum & mei stomachi Vatem. Vtrique proinde me tuâ operâ de meliore notâ commendati, simul apud illustrem Regis Polonici Legatum, Castellanum dico Halicensem, me insinuari, atque adeo in gratiam poni curæ habeas velim: à quo missionem cum bonâ eius gratiâ primo quoque tempore vt impetres, tuum porrò fuerit adniti: quo ante brumam scilicet, vel (si fieri possit) etiam temporius in patriam remigrare, atpost tam longinquæ peregrinationis tædia horsum ad nos, hoc est, parentes tuos ac fratres vorsoriam capere possis, iore postliminij. De pecuniâ enim vti petuisti, tibi in tempore curandâ, ad Ioannem Klinchamer accuratè scripsi, ne quid sit quod reuorsioni ad nos tuæ

moram

moram aliquam obiectare possit. Venies vtique omnibus tuis nimium desideratus; ac Beneuentanus fies ex Batauo. Vale ac veni. Raptim Hagâ Comitis. XIIII. Kal. April. stilo nouo.

Epistolæ binæ Simonis Simonidis ad eundem Georgium Leopoli Constantinopolim missæ.

Doctissimo atque Ornatissimo Iuueni Georgio Dousæ Domino & amico obseruandissimo.

Nobilissime iuuenis.

Post tuum à nobis discessum, pro mutuo nostro amore, sollicitum me fuisse, existimare debes, quomodo itiner hoc tibi cesserit, ecquid incolumis petita loca attigeris, valuerísne vsque, & cætera eiusmodi, quæ amici pro amicis absentibus timere solent. Tum illud veniebat in mentem, domi meæ te non tam ampliter habitum, prout familiæ

I 2 tuæ

tuæ dignitas requirebat. Verùm tu tenuitate nostræ veniam dabis, & ex animo potius rem æstimabis, non animum extr. Fortunulæ meæ si hóc etiam scire voles, apud Heroëm meum non pessimè collocantur. Spero me honestissimi otij luculentam copiam habiturum, in quo, & in libris vnam mihi consenestere contingat. A Patre tuo hanc tibi epistolam, hanc alteram à Bircouio. Petrum Ccklinium qui tibi has reddit, scies esse ex primariis Secretariis Regiis, virum optimum, literarum amantissimum: si quid librorum manuscriptorum mea causa comparasti, vbi hominem monueris, pretium dabit, & ad me transferet. Bene valere te cupio, Leopoli. Anno 97 Iunij 16.

Tui amantissimus S. Simonides

Alterius

Alterius Epistolæ exemplum, cuius
inscriptio erat huiusmodi:

Nobilissimo iuueni Georgio Douſæ amico chariſ-
ſimo, in Aula Legati Angli Constantinopoli.

S. P. Antonius vicinus meus reddi-
dit mihi à te epistolam, perbreuem illam quidem; sed tamen, quod à te, gra-
tissimam, vellem enim perennem hanc
nobis amicitiam esse, quæ quoniam inter absentes vix alia ratione commo-
diùs retineri solet, quàm literarum fre-
quentia, vsurpemus quæso officij hanc
mutitationem. Ego meam vicem non
committam, desiderari à te diligentiam
meam. De te itidem mihi persuadeo,
obsecuturum te, pro benignitate tua,
votis meis. Itiner hoc feliciter tibi cef-
sisse gaudeo, turbatum tamen nonnihil
à nebulone illo *** doleo; sed nos im-
prouidi, qui sanum & sobrium quic-
quá sperabamus ab hoc terræ fœtu. Tu
ipse videras, quæ mandata acceperat super te

per te ab heris suis : maiori fide nemo commendari potuit. Sed quid facias? mala mens, malus animus. Hoc potius gratulor, in familiam te acceptum à viro Principe, qui honorem ingenio tuo habere non spernit. Quid si hoc ita sit? vt læti aliquid dum aduenit, semper præcedat, quod velis non euenisse: sed ego fortean refrico molestiam, quam tu iam olim exspuisti. Ego etiamnum inter meos viuo, non alio negotio, quàm vt illis & eorum rebus prouideam. Breui tamen expediam, & me apud Heroëm meum collocabo. Ex ista tua peregrinatione fructum etiam ad me rediturum spero, quâ libris, quâ cæteris rebus. Quæso amiculi vt memineris. Bene valere te cupio. Leopoli. Septembr. 6. Anno 97.

Tui amantissimus
Simonides

B O N.

BON. VVLCANIVS

GEORGIO DOVSÆ
Iuueni Nobiliss. doctissimoque
S. P. D.

ITANE verò Georgium Doufam Vulcanij fui immemorem, vt ex longinquâ iftâ peregrinatione Conftantinopolitanâ redux, Leidaque Hagam iter faciens, infalutatum illum præterierit?
Anne amor hoc me Doufa meus sperare iubebat?
fed video, amice, mihi Ἴσον φάεσσι care, quid in caufa fuerit. Vicit amorem in me tuum pietas parentibus debita, cuius præftandæ ftudium effecit vt hæc officioli omiffio καλὸν tibi ὄνειδος videretur. Voluifti enim parentibus optimis fratris tui Iani Doufæ Iuuenis incompabilis immaturo proh Deum immortalem! obitu confternatis atque vti Homeri mei verbis vtar ὀλιγοπυλίωσι plenum

πιπισθέος φαρμάκω κρατῆρα à nemine amicorum delibatum propinare. & eos quibus lucis huius vsuram debes primos omnium optatissimi iucundissimíque aspectus tui veluti quodam vitalis auræ afflatu refocillare. Laudo itaque vehementer pietatem tuam, & quod superest gratulor tibi, mi Dousa, vt iterum cum Poëtâ meo loquar κηρόθι μᾶλλον: gratulor inquam tibi διφρὶ ποδὶ νεγνήσαντι. Sed ô factum bene. Exarante enim me hæc ad te, en à parente tuo ad Ill. V. Iosephum Scaligerum nuncius, quo illû, & (quod ego maximi honoris beneficiíque loco duco) etiam me Hagam euocat, amicéque rogat, vt diem vnum atque alterum secum ponamus, simulque de profectione tuâ Polonicâ, Thracicâ & Byzantinâ commentari, & versandis Codicibus Græcis MSS. quos πολλύς τε ἐ ἰσθλύς tecû adferebas nos oblectare possemus. O eximiam Dousici pectoris fidem! Neque enim ille solidum satis è reditu tuo gaudium gaudere se posse iudicabat,

dicabat,nisi illius exuberantiam in amicos deriuaret. Supersedebo itaque nunc temporis longiori, quam iam animo meo conceperam,scriptioni, neque pluribus verbis apud te testabor quantopere hoc nuncio fuerim exhilaratus. Cras enim, volente Deo, me magno illi literarum Principi vmbram adiungam, & in tuos amplexus ruam, omnemque animi mei sensum coram in tuum sinum effundam. Vale φιλτάτη κα-φαλή. Lugduni Batauorum. XXI. Maij cIɔ. Iɔ. XCIIX.

Bon. Vulcanius eidem Georgio

S. P. D.

Quantâ ego superioribus hisce diebus cum voluptate & gaudio, post mutuos amplexus, vniuersam longinquæ istius difficillimæque peregrinationis tuæ rationem ex te cognouerim, nullis satis, mi Dousa, verbis explicare possim. Miratus enim atque adeo exosculatus

eram

eram antea generofum pectoris tui impetum, qui te iuueftem adhuc ἐϛ βάπαιδα ſummo exterarum nationum atque adeo Græciæ viſendæ deſiderio inflammârat: Nunc verò ob felicem præclari inſtituti tui ſucceſſum, cùm & maximam ex iſtâ profectione laudem compararis, conciliatâ tibi ſummorum apud exteros virorum amicitiâ, & allatis non paucis Codicibus Græcis MSS. & Inſcriptionibus Veteribus, è quibus multum dignitatis atque ornamenti rei litterariæ acceſſurum ſperamus, quo pacto non ego Douſici nominis ſtudioſiſſimus ſingulari quâdam lætitiâ ſim perfuſus, cùm videam tibi ad demerendam ſummorum virorum gratiam ac beneuolentiam non ſolum paterni nominis celebritatem ac ſplendorem qui certè eſt maximus plurimum profuiſſe, verùm etiam ad illam ipſam quam dixi gratiam fouendam atque amplificandam multum ponderis habuiſſe ſingularem illam & mihi iamdudum perſpectam

&am atque exploratam morum tuorum suauitatem integritatemque cum eximia eruditione & Latinæ Græcæque linguæ summa peritia coniunctam, quæ illos non in amorem tui tantum pellexerunt, sed in admirationem quoque rapuerunt. Quæ cùm ita sint, mi Dousa, cumque & laboris & periculi plenam peregrinationem insigni inter tuæ notæ, hoc est, primariæ nobilitatis Batauicæ Iuuenes exemplo, summa animi magnitudine alacritatéque susceptam, comite ac duce Homerica illa diua quam ille Vlyssi ἐπιπάρροθον præstóque semper fuisse fingit, feliciter perfeceris; reliquum est vt non ipse tantum instituti tui summa cum laude maximoque omnium applausu peracti gloria fruaris; sed vt vberrimos laborum tuorum fructus publico communices. Quod quidem facies, si pari animi alacritate præclara illa autorum Græcorum monumenta è situ & squallore per te eruta in lucem protuleris, orbíque

que Christiano donaueris, & res Conſtantinopolitanas tibi iam ex αὐτοψίᾳ multoque vſu cognitiſsimas illuſtraueris. Erit, mihi crede, labor hic tibi nobiliſſimæque genti Douſicæ imprimis honorificus, & Reip. Chriſtianæ ſumm̄opere conducibilis, cuius multum intereſt, vt Vrbis illius, quæ olim merito πόλις πόλεων, ἡ βασιλεὺς ἰστὶα eſt appellata, atque adeo Imperij Conſtantinopolitani magnitudo ac dignitas vniuerſo Orbi Chriſtiano magis magiſque innoteſcat. In quo deſmo, & ne ad præclari huius operis De rebus Conſtantinopolitanis ſtructuram ad quam te exhortor ἐσύμβολ@ planè fuiſſe videar, mitto ad te è κειμηλίοις meis Excerpta quædam manu mea exarata. In quibus eſt Gregorij Cyprij Patriarchæ Conſtantinopolitani Deſcriptio & Encomium illius Vrbis, & Emanuelis Chryſoloræ Epiſtolæ aliquot quibus Veterem & Nouam Romam inter ſe accuratiſſimè comparat. quæ Codino tuo & illi verè
Magno

Magno Logothetæ aliifquc id genus authoribus, quos magno ſtudio comparaſti adiuncta magnum, vti ſpero, rebus Conſtantinopolitanis ſplendorem adferent. Vale,& me meaque omnia habe pro tuis. Lugduni Batauorum. cIɔ. Iɔ. xcııx. vı Cal. Iunias.

Pag. 37. lin. vltimā lege *remanere respondebam*. pag.
53 in margine emenda *inueniet*. pag. 55. lin. 18.corri-
ge *laevū*. pag. 75. lin. penult. distingue *latißime reficeret*:
reliqua facilè ipse emendabis.

www.ingramcontent.com/pod-product-compliance
Lightning Source LLC
Chambersburg PA
CBHW022116160426
43197CB00009B/1056